조선의 마지막 춤꾼

※ 이 책은 화성시문화재단의 지역문화콘텐츠 개발 취지로 기획 및 출판되었습니다.
또한 운학 이동안 선생의 삶과 역사적 사실을 바탕으로 인물과 사건을 새롭게 구성한 창작 동화입니다.

조선의 마지막 춤꾼

정종영 글 | 윤종태 그림

처음 펴낸날 2016년 12월 18일 | 9쇄 펴낸날 2025년 1월 2일
펴낸이 박봉서 | 펴낸곳 (주)크레용하우스 | 출판등록 제1998-000024호
주소 서울 광진구 천호대로 709-9 | 전화 (02)3436-1711 | 팩스 (02)3436-1410
인스타 @crayonhouse.book | 이메일 crayon@crayonhouse.co.kr

ⓒ 정종영 · 윤종태 2016
이 책에 실린 글과 그림은 무단 전재 및 무단 복제할 수 없습니다.

ISBN 978-89-5547-490-9 74810

이 도서의 국립중앙도서관 출판시도서목록(CIP)은 서지정보유통지원시스템 홈페이지(http://seoji.nl.go.kr)와
국가자료공동목록시스템(http://www.nl.go.kr/kolisnet)에서 이용하실 수 있습니다.(CIP제어번호:CIP2016030537)

조선의 마지막 춤꾼

정종영 글 | 윤종태 그림

크레용하우스

■ 추천의 글

　사는 곳이 어디든, 우리 삶의 터전에는 오랜 세월 동안 켜켜이 쌓여온 역사와 문화가 숨 쉬고 있습니다. 역사는 현재의 삶을 비추는 거울이며 앞으로 펼쳐질 미래를 예측하는 바탕입니다. 우리가 사는 곳에 대한 이해와 애정이 깊을수록 주변을 향한 눈과 귀는 활짝 열리고 세상을 바라보는 안목 역시 넓고 깊어질 것입니다.
　화성시문화재단은 화성시의 문화 자원을 발굴하여 널리 알리고 공유하려는 노력을 해 왔습니다. 그리고 이제 '화성 재인청'과 그곳의 마지막 도대방으로 알려진 '이동안'이라는 인물을 새롭게 조명해 보려 합니다.
　재인청(才人廳)은 오랜 역사를 가진 전문 예술인 집단입니다. 재인청에 소속된 예인(藝人)들은 전국적인 조직을 갖추어 국가가 주관하는 연희에 나섰고 일제 강점기에는 전통 연희 공연장에서 관객과 마주했습니다. 춤뿐만 아니라 줄타기 등의 기예, 판소리를 비롯한 국악 전반에 대한 전승이 재인청을 통해 이루어졌습니다.
　그 가운데서도 가장 큰 규모를 자랑했던 화성 재인청에는 타고난 춤꾼 이동안이 있었습니다. 화성시에서 태어난 이동안은 열네 살 어린 나이에 화성 재인청 최고 자리인 도대방에 올랐습니다. 전통 무용인 살풀이·태평무·북춤·승무 등 열일곱 가지 춤에 능했고 줄타기와 대금, 남도 잡가에 이르기까지 다양한 기예를 연마한 탁월한 예능인이었습니다. 일제에 의해 화성 재인청이 폐지된 이후, 이동안은 마지막 도대방으로 남았습니다.

> "해마다 기력은 쇠잔해 가고 있지만 죽더라도 무대 위에서 죽는다는 마음으로 꼬박꼬박 공연을 해 왔고 사실 무대에만 나가면 아픈 것도 다 잊고 신명이 샀다. 이제 남은 생에 마지막이자 유일한 소원이라면 한 평생 추어 온 내 춤을 한 번이라도 더 무대 위에 올려 많은 관객에게 알리고 성실하고 재주 있는 제자를 하나라도 더 보는 것뿐이다."
> – 『수원 근현대 증언 자료집Ⅲ(수원시, 2005)』 중 이동안의 말 –

춤꾼은 춤을 통해 세상과 소통합니다. 이동안의 춤은 우리에게 그의 일생은 물론 이동안이 살아온 시대를 가늠할 수 있게 합니다. 우리가 화성 재인청과 이동안을 기억하며 예인으로서의 삶, 이동안을 통해 이어진 춤의 계보와 문화적 가치를 새롭게 조명하려는 이유가 바로 여기에 있습니다.

화성시문화재단이 기획하고 정종영 작가가 쓴 이 책은 암울했던 일제 강점기에 꿈을 이루기 위해 노력했던 춤꾼 이동안의 성장기입니다. 소년 이동안의 꿈과 열정은 흥미진진한 이야기로 되살아나 오늘을 살아가는 우리에게 희망으로 전해질 것입니다. 이동안이 꿈꿨던 춤의 낙원, 예술의 세계가 지금 우리 앞에 열려 있습니다.

2016년 12월
화성시문화재단

■ 작가의 말

예전에 이청준 작가의 『서편제』를 읽은 적이 있습니다. 서민들의 애절한 시름이 담긴 남도 소리를 생생하게 그려낸 작품입니다.
'언젠가 이런 작품을 꼭 써야지…….'
이 생각을 가슴속에 품은 채 오랜 시간을 흘려보냈습니다. 그러던 어느 날, 조선의 마지막 춤꾼인 운학 이동안 선생님을 우연히 만났습니다.
발디딤, 팔놀림, 호흡까지……. 전부 하나가 돼야만 자연스럽게 완성되는 우리 춤의 아름다움과 멋! 나는 우리 춤의 매력에 서서히 빠져들었습니다. 그리고 우리 춤 이야기를 써 봐야겠다고 결심했습니다.

이동안 선생님의 자취를 찾아 시간을 거슬러 올라갔습니다. 화성시 곳곳을 돌아다녔습니다. 바닷가 근처에 있는 당성을 오를 때는 비가 주룩주룩 내렸습니다. 융릉·건릉에 있는 웅장한 숲길을 걸으며 많은 상상을 했습니다. 용주사도 수없이 다녔습니다.
그러던 중 1938년 용주사에서 조지훈 시인이 승무를 보며 시를 썼다는 이야기에 영감이 떠올랐습니다. 용주사는 이야기의 뿌리가 되고, 조지훈 시인의 〈승무〉는 줄기가 되어 이동안 선생님의 춤으로 꽃을 피워 보았습니다.
작은 춤동작 하나까지도 놓치기 싫었고, 작은 음악 소리에도 귀를 기울여야 했습니다. 춤을 글로 옮기는 작업은 쉽지 않았습니다. 하지만 이동안 선생님의 삶에 비하면 아무것도 아니었습니다. 조선의 마지막 춤꾼으로 산 이동안 선생님 덕분에 우리 춤은 다시 싹을 틔우고 꽃을 피웠습니다.

  이 책이 나오기까지 많은 분의 도움을 받았습니다. 답사하면서 많은 조언을 해 주신 우종익 선배님, 빠듯한 일정에 매일 밤을 지새우며 그림을 그려 주신 윤종태 선생님에게 감사 인사를 드립니다. 박물관 학예사가 되고 싶다는 아들 유진과 피아니스트를 꿈꾸는 딸 가온에게 사랑한다는 말을 남깁니다.

  마지막으로 지금은 고인이 되셨지만, 88세까지 무대 위에 올라 평생을 춤꾼으로 살아가신 이동안 선생님에게 이 책을 바칩니다.

2016년 겨울에
정종영

차 례

20년 전 그 눈빛	10
송충이는 솔잎을 먹어야 한다	20
남사당패	34
꼭두쇠 아저씨	45
겨울바람에 몸을 움츠리다	56
땅에 떨어진 쑥떡	66

집을 떠나다	78
승무	89
귓가에 맴도는 가락	102
타고난 끼를 펼쳐라!	117
마지막 도대방	129
종이 한 장	141

20년 전 그 눈빛

 산줄기가 겹겹이 모여 꽃잎을 그려 냈다. 그 모양새가 꽃을 닮아 예로부터 화산(花山)이라 불렸다. 산자락은 차분히 내려와 솔숲과 만났다. 화산과 솔숲 사이에 자리 잡은 가람(伽藍)*의 모습 또한 기품이 서렸다.
 어둠이 점점 땅으로 내려오자 솔숲을 바라보던 용주사 가람에도 하나둘 횃불이 피어올랐다.
 "두우웅웅."
 용주사에서 울리는 범종 소리가 어둠 사이로 은은히 퍼져 나갔다.
 "좀 더 서둘러야겠다."

---

* 승려가 살면서 불도를 닦는 곳.

동안은 헐렁해진 갓끈을 다시 조여 매고 걸음을 재촉했다. 젊은 여인은 큰 보따리를 안고 스승인 동안을 뒤따랐다. 서른세 번의 범종 소리가 끝날 무렵, 두 사람은 용주사 홍살문 앞에서 잠시 멈췄다.

동안은 땀을 닦고 옷매무시를 고쳤다. 홍살문 앞에서 머뭇거리다 산 너머를 보며 다시 방향을 잡았다. 눈을 아래로 깔고 두 손을 모아 공손히 허리를 숙였다. 동안이 바라본 곳에 사도세자와 정조가 묻힌 융릉, 건릉이 있었다.

동안과 젊은 여인은 일주문을 지나 조약돌이 자글자글 깔린 바닥을 밟으며 용주사 안으로 들어갔다. 곳곳에 걸린 횃불이 대낮처럼 밝았다.

"저쪽이군."

동안은 대웅보전 앞마당을 슬쩍 살폈다. 제사가 지금 막 끝난 듯 사람들이 웅성거리며 대웅보전에서 앞마당으로 내려왔다. 낯익은 일본 경찰 한 명이 뒤편에 있었다.

'저 사람은?'

동안은 눈살을 찌푸렸다.

일본은 우리나라의 젊은 남자들을 강제로 전쟁터에 보냈다. 춤추는 예인이나 악기를 다루는 재비*도 예외는 아니었다. 일

---

* 국악에서 악기를 연주하거나 노래를 부르거나 춤을 추는 기능자를 이르는 말.

일본 경찰은 동안에게 황군 위문대를 맡아 군인들을 위해 공연해 달라고 수없이 부탁했다. 서른을 갓 넘긴 젊은 청년이지만 춤 하나만은 조선에서 최고이기 때문이었다.

 동안은 그때마다 아프다고 둘러대며 조심스럽게 거절했다. 일본을 위해서는 작은 무엇 하나라도 하고 싶지 않았다. 하지만 이번에는 경우가 조금 달랐다. 용주사에서 딱 한 번만 승무를 춰 달라고 부탁했다. 거절하면 강제 노역*으로 앙갚음하겠다는 말이 두려웠다. 아끼는 제자들을 전쟁터로 내몰 수 없었다. 게다가 용주사는 동안에게 특별한 의미가 있었다.

 동안은 일본 경찰에게 다가가 굳은 얼굴로 인사했다. 뒤따르던 젊은 여인은 대웅보전 맞은편 건물로 들어갔다. 마당 한편에는 커다란 북이 상자 위에 놓여 있었다. 동안은 북으로 다가가 손바닥으로 톡톡 두드렸다.

 "퉁퉁."

 묵직한 소리가 흘러나왔다. 대웅보전과 마주한 처마 아래 장구, 피리, 해금, 북을 가지고 온 재비들이 자리를 잡았다. 승무를 구경하러 온 사람들이 마당 곳곳을 촘촘히 채웠다.

 동안은 제자가 들어간 방 앞으로 다가가 조용히 제자를 불렀다. 대답과 함께 방문이 열리자 여인이 하얀 버선발을 내밀

---

* 일본이 우리나라를 강제로 점령했을 때 우리 국민을 데려다 일을 시킨 것.

었다. 남빛이 곱게 물든 한복 자태가 하얀 장삼 위로 비쳤다. 가슴에는 붉은 가사가 비스듬히 걸렸고 손끝에는 한삼이 매달려 하늘하늘 흔들렸다.

하얀 고깔을 쓴 여인은 넓은 마당 가운데로 사뿐사뿐 걸었다. 눈을 아래로 깔며 북을 한 번 보더니 여인은 뒤로 몇 걸음 물러가 자리를 잡았다.

깊어 가는 가을밤이었다. 사람들은 모두 한곳을 보았다. 여인은 북을 보며 두 손을 털다가 앞으로 쑥 내밀었다. 손끝에 있던 한삼이 여인과 하나가 되며 길쭉한 네모를 만들었다. 엎드린 여인은 숨이 멈춘 듯 꼼짝도 하지 않았다. 잠시 고요한 적막이 흘렀다.

"둥."

침묵을 깨는 징 소리가 하늘에 울려 퍼지고 목탁 소리가 따라붙었다.

"똑."

"똑똑."

"또로로록."

빨라지던 목탁 소리가 점점 늘어지자 피리와 생황이 장구 가락에 어울려 애잔한 소리를 만들었다.

여인은 천천히 몸을 비틀며 일어나 앉은 자세로 손만 움직

였다. 한쪽 손끝에 매달린 한삼이 원을 그리다가 하늘로 솟구쳤다. 이번에는 다른 손이 똑같은 춤을 추었다. 느린 가락에 맞춰 여인과 한삼은 하나가 되어 움직였다. 여인이 일어나 발을 살짝 들자 치마 아래로 보일 듯 말 듯 버선코의 움직임이 간들거렸다.

여인은 다시 태어난 듯 잔잔하게 몸부림치고 허공을 걷는 듯 사뿐사뿐 땅을 밟았다. 가락이 점점 빨라지자 여인의 걸음도 더 바빠졌다. 여인은 두 손을 하늘로 쭉 뻗어 몸을 꼿꼿이 세웠다. 그리고는 북 앞으로 조심스럽게 다가갔다. 한 손으로 북을 툭툭 치며 다른 손으로 한삼을 걷어 냈다. 남빛 치마가 살짝 드러났다.

동안은 제자의 몸동작 하나하나를 살폈다. 여인은 화가 난 듯 북을 두드리다가 화가 풀린 듯 속삭였다. 장난치듯 돌아앉았다가 일어서기를 겨끔내기*로 여러 번 했다.

'북이 무슨 죄가 있어. 모든 게 거꾸로 돌아가는 세상 탓이지. 쯧!'

동안은 치밀어 오르는 화를 눌렀다.

"휴우!"

큰 숨을 내쉬며 먼 하늘을 바라보았다. 맑은 하늘에 쏟아지

---

* 서로 번갈아 하기.

는 촘촘한 별빛이 가을밤을 수놓았다.

'하늘은 그대론데 우리 땅만 달라졌어!'

동안은 생각할수록 머리가 복잡하고 가슴이 답답했다. 자신도 모르게 얼굴을 찌푸렸다. 다시 고개를 들고 주변을 살폈다. 대웅보전 앞에 일본 경찰이 있었다. 동안은 재빨리 다른 곳으로 시선을 옮겼다. 잠깐이라도 마주치기 싫었다.

범종각 앞에 있는 젊은 청년 하나가 눈에 들어왔다. 말쑥한 차림에 동그란 안경을 낀 청년이었다. 청년은 춤추는 여인을 보았다. 동안의 시선은 여러 사람의 표정을 하나하나 살피다 제자에게로 돌아갔다.

여인은 하늘을 향해 한 손을 휘저었다. 잠시 후 다른 손으로 세상을 뒤집을 듯 큰 동작으로 춤사위를 이어 갔다. 보는 사람조차 숨이 차올랐다. 그러고는 격렬한 파도가 잠잠해지듯 여인의 몸짓이 차분하게 바뀌었다.

이제 거의 막바지였다. 여인은 몸부림치듯 몸을 크게 비틀었다. 하늘을 향해 목을 꼿꼿하게 세우다가 갑자기 파르르 떨었다. 아주 미묘한 몸짓이었지만 동안의 눈을 피해 갈 수 없었다. 동안은 제자의 눈길이 머문 곳으로 고개를 돌리다가 멈칫했다.

"아니 저 눈빛은……!"

조금 전에 보았던 젊은 청년이었다. 젊은 청년은 동안의 눈길에도 아랑곳하지 않고 오로지 여인만 보았다. 여인을 빨아들일 듯 강한 눈빛이었다. 동안은 청년의 눈빛에 매료된 듯 정신이 아뜩했다. 20년 전 남사당패 꼭두쇠 어른이 말했던 바로 자신의 눈빛이 떠올랐기 때문이다.

'다른 사람은 몰라도 내 눈은 속일 수 없지. 네가 용주사에서 승무 추던 여인을 보던 그 눈빛. 너는 승무를 보면서 한순간도 다른 곳으로 시선을 돌리지 않았어.'

동안은 20년 전 꼭두쇠 아저씨의 말이 다시 떠올랐다.

'저 청년은 과연 무엇을 보고 있는 걸까? 혹시………?'

청년은 춤을 배우기에 나이가 너무 많고 몸도 뻣뻣해 보였다. 동안에게 춤은 인생의 전부였다. 20년 동안 오로지 한길을 걸었고 키운 제자만 해도 수백 명이 넘었다. 움직임만 봐도 춤을 배울 수 있는지 없는지 한눈에 알 수 있었다.

'춤을 배우고 싶어서가 아니라면 도대체…….'

동안의 머릿속은 뭔가 꼬인 듯 하얗게 변해 갔다.

'저 눈빛, 활활 타오르는 저 눈빛, 꼭두쇠 어른이 나에게 말한 바로 그 눈빛이야. 그런데 그게 춤이 아니라면 저 눈빛은 과연 뭐란 말인가?'

동안은 고개를 절레절레 흔들다가 청년을 다시 보았다. 꼼

꼼히 살펴보아도 춤과 어울릴 만한 구석은 단 하나도 없었다. 머리가 빙글빙글 돌았다.

"두우웅웅."

용주사 입구에서 들었던 범종 소리가 귓바퀴를 감고 돌았다. 갑자기 눈앞이 환하게 밝아졌다. 잠시 후 자신에게 춤을 가르친 스승의 얼굴이 스멀스멀 떠올랐다. 고개를 털어 지우려 했지만 이번에는 그 자리에 할아버지가 서 있었다.

'동안아!'

돌아가신 할아버지가 동안에게 무슨 말을 하는 듯했다. 그 뒤로 아버지 얼굴이 보였다. 남사당패 꼭두쇠 아저씨, 덕근이 형 얼굴이 차례로 나타났다가 사라졌다.

'저 꼬마는, 저 꼬마는······.'

어디론가 달려가는 어린 꼬마의 모습이 보였다. 20년 전 자신의 모습이었다.

송충이는 솔잎을 먹어야 한다

동안은 엉덩이를 실룩거리며 뛰었다.
"동안아! 좀 쉬었다 가자. 힘들어."
뒤에서 쫓아오던 창수가 헐떡거리며 목청을 높였다. 동안과 육촌인 창수는 나이도 비슷하고 어릴 때부터 가까운 동네에 살아 단짝처럼 붙어 다녔다.
동안은 큰 키는 아니지만 어깨가 떡 벌어진 게 제법 다부진 몸매였다. 게다가 몸놀림도 재발랐다. 오늘도 서당에서 장터를 지나 마을까지 단숨에 달려왔다.
동안이 걸음을 멈추자 창수가 달려와 철퍼덕 주저앉았다. 마른 땅에서 먼지가 살포시 일었다.
"작은할아버지 집에 안 계신 거 맞지?"

동안은 말끝에 힘주며 창수를 쳐다보았다. 창수는 귀찮다는 듯 입을 다문 채 고개만 끄덕였다. 서당에서부터 몇 번이나 물었던 터라 이제 입조차 열기 싫은 듯했다.

수업을 일찍 마친 날이면 동안은 창수에게 작은할아버지의 안부를 슬쩍 묻곤 했다. 혹시라도 집이 비었다면 줄을 타며 신나게 놀고 싶었기 때문이다.

작은할아버지 이창실은 근방에서 알아주는 어름사니였다. 남사당패에서 줄을 타는 어름사니는 매일 연습을 해야 했다. 발바닥에 굳은살이 사라지면 줄에서 미끄러져 자칫 위험할 수 있기 때문이었다. 그런 까닭에 집 뒤편 숲에는 항상 줄이 매여 있었다.

동안이 줄타기에 재미를 붙인 것도 작은할아버지 때문이었다. 장터에서 줄 타는 작은할아버지의 모습을 보면서 넋이 나간 사람처럼 멍해진 것도 한두 번이 아니었다. 그때부터 시간이 날 때마다 동안은 창수 집을 들락거렸다.

창수는 헐떡거리던 숨이 조금 가라앉자 기지개를 켜며 일어나 말했다.

"어! 저 사람 누구야? 덕근이 형이잖아."

동안은 창수가 바라보는 곳을 보았다. 덕근이 형은 짧은 머리에 학생이 주로 입는 검은색 두루마기 차림이었다.

덕근이 형은 읍내와 조금 떨어진 제암리에 살았다. 이 근처에서 모르는 사람이 없을 정도로 알아주는 신동이었다. 서당에 한 번도 다니지 않고 귀동냥만으로 천자문을 익혔다고 하니 다른 말은 필요 없었다. 하지만 가난한 형편이라 학교는 엄두도 낼 수 없었다. 다행히 근처 교회에서 덕근이 형이 학교에 다닐 수 있도록 도와주었다.

"덕근이 형이 우리 동네는 왜 왔지? 제암리에서 여기까지는 꽤 먼 거리인데……."

창수가 혼잣말하고는 엉덩이를 툭툭 털었다.

"어!"

동안의 목소리가 평소와 달랐다.

"왜?"

창수가 물었다. 동안은 고개를 갸웃거리면서 덕근이 형을 유심히 바라보았다. 오늘따라 덕근이 형 걸음이 조금 어색했다. 불안한 얼굴로 뭔가에 쫓기듯 어디론가 잰걸음을 놓았다.

"이상하네. 형이 우리를 봤다면 분명히 손이라도 흔들었을 텐데."

동안은 몇 번이고 고개를 저으며 알쏭달쏭한 표정을 지었다.

"빨리 가자."

창수가 동안을 툭 치면서 앞으로 걸었다. 이런저런 이야기를 하다 보니 벌써 창수 집 앞이었다.

　동안은 늘 하던 대로 창수를 보며 눈짓했다. 창수는 말없이 고개를 끄덕이며 집 안으로 들어갔다. 집 안에 아무도 없는 걸 확인하자 창수는 부엌으로 잽싸게 뛰어갔다.

　창수와 동안은 누룽지를 하나씩 입에 물고 집 뒤편 숲으로 향했다. 그곳에 널찍한 공터가 있었다. 작은할아버지가 매어 놓은 줄 두 개가 보였다. 어른 허리 높이에 매어 놓은 줄과 하늘에 닿을 만큼 높이 걸린 줄이었다. 동안은 높은 줄을 바라보면서 낮은 줄에 발을 올렸다.

　"언제 저 줄에 올라가 세상을 한번 내려다볼까?"

　열두 살 꼬마에게 저 높은 세상은 상상 속에서나 오를 수 있는 곳이었다.

　"체! 네가 저 줄에 올라간다고? 뭐! 꿈도 야무지네."

　창수가 웃으며 대꾸했다. 높은 줄에서 부리는 재주는 쉽지 않았다. 능숙한 어름사니조차도 까딱 잘못하면 줄에서 떨어지기 일쑤였다. 동안은 새가 날개를 펴듯 양팔을 벌리고 줄 위로 올라갔다. 땅이 심하게 흔들리는 듯 줄 위에서 몸을 가누기가 어려웠다. 동안은 몇 걸음 가다가 중심을 잃었다. 몸이 땅 아래로 곤두박질쳤다.

　"킥킥!"

땅에 머리를 처박는 모습이 우스웠는지 창수가 입을 가리며 웃었다.

"야! 이게 얼마나 어려운데. 알면서 웃어?"

동안이 버럭 화를 내며 창수를 노려보았다. 창수는 못 들은 척하며 높은 줄이 걸려 있는 나무 아래로 갔다. 동안은 못마땅했지만 어쩔 수 없었다. 지금 줄타기를 가르쳐 줄 사람은 창수밖에 없었기 때문이다.

창수는 작은할아버지에게 줄타기를 배웠다. 고작 줄 위에서 걷는 정도지만 이것을 배우는 데에도 몇 년이 걸렸다. 줄 위에서 뛰고 노는 재주는 아직 엄두도 내지 못했다. 줄타기는 그만큼 어렵고 힘든 기술이었다.

"그럼 이 형님이 한 수 가르쳐 주지. 으흠!"

창수는 목에 힘을 주고 큰기침을 한 번 하더니 나무 밑둥치 아래로 손을 넣어 부채 하나를 꺼냈다. 그러고는 사뿐사뿐 줄 위로 올라갔다. 한 손으로 부채질하면서 조심스럽게 한 발 한 발 내밀며 중간까지 움직였다.

"어험! 외줄 위에 서면 안 보이던 세상이 한눈에 들어오지."

창수는 작은할아버지 목소리를 흉내 내며 제법 그럴싸하게 줄 위에 서 있었다. 창수는 줄 위를 재빠른 걸음으로 옮겨 다녔다. 작은 바람에 줄이 흔들렸지만 창수의 몸은 땅 위를 걷는 듯 아주 반듯했다. 줄에서 몇 번을 왔다 갔다 하다가 아래로 풀쩍 뛰어내렸다.
"이리 와 봐. 내가 잡아 줄게."
동안은 창수에게 손을 맡기고 한참 외줄을 걸었다.
"동안아! 혼자 해도 되겠다. 자, 부채!"
창수의 말에 동안은 홀로 외줄을 걸었다. 얼근얼근한 곰보에 까만 주근깨가 촘촘히 박힌 탓에 동안은 얼핏 봐도 개구쟁이 얼굴이었다. 하지만 지금은 아주 진지했다. 동안의 발은 아슬아슬하게 외줄 위에 걸려 있지만 마음은 공중에 떠 있는 깃털처럼 가벼웠다. 이제 줄타기에 조금씩 자신이 붙어 갔다.
'걷는 것도 이렇게 힘든데 한 다리로 줄을 딛고 앉았다 일어나는 재주는 어떻게 부리는 거지?'
지난번 장터에서 봤던 작은할아버지의 모습이 떠올랐다. 갑자기 몸이 휘청거렸다.
"야! 너 무슨 생각을 하는 거야? 줄에만 정신을 모아야지!"
창수는 기울어지는 동안의 몸을 잡으며 소리를 꽥 질렀다.
하늘 꼭대기에 있던 해가 서쪽으로 제법 기울었다.
"동안아! 곧 해가 질 텐데 집에 가야 하는 거 아니야?"
창수가 걱정 어린 목소리로 말했다.
동안은 줄 위에서 떨어지지 않을 만큼 몸이 가뿐했다. 몸과

줄이 하나가 된 듯한 짜릿한 기쁨을 느꼈다. 이 순간을 놓칠 수 없었다.

"어, 어. 알았어. 한 번만 더 해 보고. 이제 뭐가 좀 되는 것 같은데……."

"아무튼, 저 고집은!"

거의 어둑어둑해질 무렵 동안은 줄에서 내려왔다. 지는 해를 바라보자 동안의 마음이 갑자기 바빠졌다.

"내일 보자."

인사도 하는 둥 마는 둥 하면서 동안은 바쁘게 뛰었다. 얼마 달리지도 못했는데 다리가 후들거렸다.

'에잇! 모르겠다. 뛰어가나 걸으나 늦은 건 마찬가지잖아.'

동안은 지친 듯 걸음이 점점 둔해졌다. 줄 타는 데 힘을 다 써 버려 이제 걷기도 버거웠다. 땅을 보면서 느릿느릿 걸었다. 조금 전까지 줄 위에 있던 느낌이 아직 생생했다.

'세상에서 줄타기만큼 재미있는 게 또 있을까?'

동안은 이런 말로 자신을 위로했다.

"아버지는 왜 이런 걸 놔두고 서당에 가서 따분한 글이나 배우라고 하는지……."

툴툴거리며 혼잣말했지만 들리는 건 귀뚜라미 울음소리뿐이었다.

"줄에만 올라가면 시간이 빨리 가 버리니……."

터벅터벅 걷다 보니 너럭바위가 보였다.

"늦었다고 또 야단맞겠지."

등불이 희미하게 밝혀진 집을 보자 자신도 모르게 이런 말이 툭 튀어나왔다.

"서당에 다니면 뭐 해. 책을 읽어도 무슨 말인지 도통 모르겠는데……. 아버지도 할아버지처럼 재인청 도대방이 되어 악기를 연주하면서 살잖아. 나도 언젠가는 그 자리를 물려받아야 할 텐데……, 그런데 지금 내 꼴이 이게 뭐람!"

재인청은 춤추고 노래를 부르고 재주를 부리는 사람들이 모인 단체였다. 도대방은 재인청의 우두머리였다. 도대방은 나라에서 내린 벼슬도 아니었고, 재인 집안에서 물려받았다. 동안도 언젠가는 재인청 도대방 자리를 물려받게 될 것이다. 재주를 익혀야만 했다. 하지만 매일 서당에 다녀야 하니 가슴이 답답했다. 서당에 다녀야 하는 이유를 알 수 없었다.

"어떻게 하면 서당을 그만둘 수 있지?"

동안은 너럭바위에 걸터앉았다. 맑은 밤하늘을 올려다보았다. 반짝거리는 별빛 사이로 아버지 얼굴이 떠올랐다. 항상 야단치던 아버지 모습에 얼굴을 찌푸렸다. 새로운 글을 배워도 다른 아이들보다 항상 느리고 훈장에게 야단을 맞는 일도 하루 이틀이 아니었다. 하지만 이런 것을 알면서도 계속 서당에 보내는 아버지가 야속했다.

이번에는 빙그레 웃는 할아버지 얼굴을 떠올렸다. 동안은 공부보다 땅재주를 더 좋아했고 할아버지에게 배운 향피리도 아주 잘 불었다. 요즘 즐기는 줄타기도 마찬가지였다. 그래 봤자 고작 몇 달이었지만 조금만 더 하면 창수를 따라잡을 자신이 있었다. 아무리 생각해도 잘하는 것과 좋아하는 것 모두가 공부와 거리가 멀었다.

동안의 이런 모습을 보면서 할아버지와 아버지는 자주 실랑이를 벌였다. 할아버지와 아버지가 원하는 게 서로 달랐기 때문이다. 할아버지는 아버지에게 재인청 도대방을 물려주었지만 아버지는 재인청과 관련된 일에 큰 관심을 두지 않았다. 할아버지는 몇 번이나 호통쳤지만 아버지는 아무것도 달라지지 않았다. 오히려 화성 재인청 도대방이란 자리를 더 원망할 뿐이었다. 그래서인지 할아버지는 동안에게 실낱같은 희망을 걸 수밖에 없었다.

재인청 도대방을 맡아도 큰돈이 생기는 것은 아니었다. 관청에서 부르면 공연해 주고 받는 돈이 전부였다. 이것도 나라를 뺏기기 전에는 그런대로 괜찮았다. 하지만 지금은 꿈도 꿀 수 없는 일이었다.

이런 사정이다 보니 아버지가 도대방을 맡고도 나 몰라라 할 만한 이유는 충분했다. 재인청 일보다 당장 먹고사는 문제가 더 중요했기 때문이다.

동안을 서당에 보낼 때 할아버지와 아버지는 꽤 오랫동안 말다툼을 벌였다.

"송충이는 솔잎을 먹어야 하는 것처럼 광대는 재주로 먹고살아야 해."

할아버지가 아버지를 달래며 말했다.

"양반만 봐도 그렇습니다. 농사를 짓습니까? 나무를 합니까? 아니면 우리처럼 재주를 부립니까? 하지만 우리보다 훨씬 잘 먹고 잘삽니다. 양반이 하는 거라고는 고작 책 읽고 공부하는 것밖에 없습니다."

아버지도 쉽게 포기하지 않았다.

나라를 빼앗기고 난 뒤 우리 것은 하나둘 사라졌다. 우리글도 그랬지만 우리 춤과 노래도 마찬가지였다. 게다가 두 달 전 일본이 발표한 곡류 수용령* 때문에 백성의 삶은 더 어려워졌다. 쌀은 돈을 주고도 구할 수 없고 보리쌀도 하늘 높은 줄 모르고 값이 치솟았다.

이런 형편에 재주를 부려 광대로 먹고산다는 것은 화톳불에

---

* 일본이 우리나라에서 거두어들인 곡식을 강제로 빼앗아 일본으로 실어 보낸 제도였다.

몸을 던지는 불나방과 다를 게 없었다. 또한 줄타기, 땅재주 같은 일은 몸으로 해야 했다. 몸이 아프거나 다치기라도 하면 굶어 죽기 십상이었다.

"자식에게만은 이런 일을 시키지 않겠어."

아버지는 수없이 다짐했다. 자식은 공부를 시켜야겠다고 결심한 것이다. 하지만 돈이 문제였다. 읍내에 공립 보통학교가 있었지만 기울어 가는 집안 사정으로는 보낼 엄두가 나지 않았다. 그나마 적은 돈으로 보낼 수 있는 서당이 있어 다행이었다. 아버지는 몸으로 재주를 부려 사는 광대보다 글을 배워 장사꾼 밑에서 장부라도 적는 게 훨씬 낫다고 생각했다.

얼마 후, 동안은 집 근처 서당에서 천자문 공부를 시작했다.

남사당패

 서당을 빠져나오자 두 갈래 길이 나왔다.
 "창수야! 오늘은 병점역에 가 볼까? 거기에 소문난 떡집이 많다던데!"
 동안은 싱글벙글했다. 드디어 지긋지긋한 천자문이 끝났기 때문이었다.
 "글쎄, 요즘 병점역 근처에 떡집이 없다던데……."
 창수는 고개를 갸웃거리며 말했다.
 "뭐? 누가 그래?"
 창수는 할아버지에게 들었던 이야기를 차근차근 전했다. 동안은 실망스러운 눈빛으로 창수 이야기를 묵묵히 들었다.
 예전부터 병점역에는 오가는 사람이 많아 소문난 떡집이 꽤 있었다. 떡 병(餠)자 가게 점(店)자를 써서 병점이라 부른 이유였다. 그런데 병점역에 경부 철도가 지나면서 가게들이 하나씩 사라지더니 이제는 흔적조차 찾을 수 없었다. 일본은 근방에서 빼앗은 쌀을 병점역 근처에 쌓아 놓고 자기 나라로 실어 가기 바빴다. 모두 곡류 수용령 때문이었다.

"그럼 할 수 없지. 이쪽으로 가자. 오늘 천자문 끝낸 기념으로 기막히게 맛있는 떡을 사 주려고 했는데 아쉽군!"

동안은 툴툴거리는 말투로 말했다.

"킥킥, 뭐? 남보다 다섯 달은 더 걸리고선 책거리* 떡은 꼭 먹어야겠다는 그 용기는 어디서 나왔냐?"

동안과 창수는 말장난을 치며 장터까지 걸었다. 추석이 지난 지 보름이나 되었지만 산과 들에는 아직 초록빛이 남아 있었다. 그때였다. 창수가 동안의 옷고름을 살짝 잡아당겼다.

"동안아, 천천히 좀 가자."

들릴락 말락 한 소리였다.

"왜?"

동안도 덩달아 목소리를 낮췄다. 저편에서 일본 경찰이 걸어왔다. 동안과 창수는 지은 죄가 없지만 일본 경찰만 보면 가슴이 오싹했다. 그 시절 일본 경찰은 이유 없이 조선 사람을

---

* 글방 따위에서 학생이 책 한 권을 다 읽어 떼고 난 뒤에 선생과 동료들에게 한턱내는 일.

잡아가곤 했기 때문이다. 일본 경찰이 저만치 멀어지자 걸음을 다시 재촉했다.

"요즘은 가는 곳곳마다 경찰이 있네……."

동안이 퉁명스럽게 말했다.

작은 고개를 넘어가자 장터가 보였다. 황량하던 들판과 달리 장터는 사람들로 북적였다. 동안과 창수는 시장기를 달래기 위해 떡집에서 인절미 몇 개를 나눠 먹고 이곳저곳을 돌아다녔다. 장터를 반쯤 돌았을 때 삼삼오오 무리 지어 있는 사람들을 보았다. 놋그릇을 파는 가게 앞이었다.

"무슨 일이지?"

동안과 창수는 조심스럽게 다가가 귀를 쫑긋 세웠다. 모인 사람들이 저마다 한마디씩 뱉었다.

"야밤에 간도로 떠났다고."

"저 집은 땅도 있고, 그래도 먹고살 만했잖아."

"글쎄, 황무지 개간 때문에 땅을 빼앗겼다는군. 조상 대대로 일구던 밭을 한순간에 빼앗겼으니……. 쯧쯧!"

한참 동안 이런저런 이야기가 오고 갔다. 황무지 개간으로 땅을 빼앗긴 사람은 근처에도 꽤 많았다. 동안과 창수도 동네 어른들이 하는 이야기를 수없이 듣다 보니 황무지 개간이 무엇인지 정도는 알았다.

"삑삑!"

호루라기 소리가 몇 번 나더니 일본 경찰이 바로 뛰어왔다. 지레 겁먹은 사람들은 순식간에 흩어지기 바빴다. 동안과 창수도 그곳을 슬쩍 빠져나왔다.

"재미있는 거 없을까? 너희 집에 갈까? 뒷산에 가서……."

동안의 말을 창수가 중간에 잘랐다.

"안 돼! 알잖아."

창수가 고개를 세차게 흔들며 말했다. 동안은 창수의 뒷말을 듣지 않아도 알 수 있었다.

"알았어. 알았다고."

동안은 눈을 찡그리며 말했다. 할 수 없이 장터 곳곳을 헤집고 다니며 시간을 보냈다.

"깽깽."

"어! 이 소리는……!"

기다렸다는 듯 동안과 창수가 동시에 입을 열었다. 몇 달 만에 들어 보는 꽹과리 소리였다. 소리가 나는 곳으로 고개를 돌리자 남사당 깃발이 바람에 흔들리며 천천히 움직였다.

"남사당패가 왔나 봐."

동안과 창수의 따분하던 얼굴이 밝은 해처럼 환해졌다. 같은 곳을 몇 번씩 맴돌다 보니 재미는커녕 이제 하품이 날 지경이었기 때문이다.

　동안과 창수는 점점 커지는 풍물 소리를 따라 잰걸음을 놓았다. 장터에 있던 사람들도 하나둘 움직이기 시작했다. 얼마 지나지 않아 남사당패 주변에는 발 디딜 틈 없을 정도로 사람들이 북적였다.

　꽹과리, 북, 태평소, 징 소리가 들쑥날쑥하며 장단을 맞췄다. 큰 공터 한가운데에는 광대들이 서로 꼬리에 꼬리를 물며

원을 그리듯 돌았다. 상모에 달린 종이로 만든 긴 채도 빙글빙글 돌며 원을 그려 냈다.

"광대가 너무 적은데?"

창수의 말에 동안은 남사당패를 쓱 훑어보았다. 어림잡아 스무 명 남짓이었다. 남사당패는 적어도 사십 명 정도는 돼야 풍물놀이, 버나 놀이, 살판뜀, 어름, 덧뵈기, 덜미까지 제대로 할 수 있었다.

구경꾼들이 만든 둥그런 원 안에 장구, 북, 징을 치는 재비들이 앉아 있었다. 재비들 끝에 동안의 또래로 보이는 깜찍한 여자아이가 한 명 있었다. 오뚝한 콧날, 붉은 입술, 양쪽 볼에는 깊게 팬 보조개가 있는 예쁜 아이였다.

'새미*인가?'

동안은 여자아이를 다시 보았다. 새미를 하기에는 키가 너무 컸다.

풍물놀이가 끝나자 퉁퉁한 젊은이 하나가 가운데로 뛰어와 작은 원을 그리며 빙빙 돌았다. 한 손에는 담뱃대, 다른 한 손에는 쳇바퀴를 들었다. 쳇바퀴를 돌리는 버나쇠였다. 버나쇠는 공터 몇 바퀴를 더 돌다가 제자리에 뚝 멈췄다. 그러고는 어딘가를 살펴보듯 손바닥을 쫙 펴고 눈썹 위에 딱 붙인 채 모인 사람들을 쓱 훑어보았다.

"사람 참 많이 모였구나."

생글생글 웃는 버나쇠의 말이 끝나기 무섭게 사람들이 손뼉을 치며 환호성을 질렀다.

"사람이 많건 적건 간에 도대체 여긴 무슨 일로 나왔소?"

한쪽 구석에 서 있던 늙수레한 아저씨가 구수한 목소리로 버

---

* 풍물놀이에서 춤추는 어린아이.

나쇠의 말을 받아쳤다. 버나쇠와 말을 주고받는 매호씨*였다.

"뭔 일이 아니라 신명 나게 한바탕 놀러 나왔지."

버나쇠가 우스꽝스러운 목소리로 잽싸게 대답했다. 그러고는 쳇바퀴를 들어 담뱃대 끝에 올렸다. 담뱃대를 몇 번 흔들자 쳇바퀴가 빙빙 돌았다. 작은 꽹과리 소리와 함께 삑삑거리는 날라리** 소리가 흥을 돋웠다.

버나 놀이가 끝나자 이번에는 땅재주를 부리는 살판쇠 두 명이 달려 나왔다.

"잘하면 살판이요, 못 하면 죽을 판인데, 이제부터 제대로 된 재주 한번 넘어야겠다."

살판쇠가 어깨에 힘을 잔뜩 넣은 채 호통치듯 큰 소리로 말했다.

"얼쑤!"

구경꾼들도 흥이 났는지 살판쇠와 장단을 맞췄다. 옆에 쪼그려 앉은 다른 살판쇠가 몸을 비틀며 일어났다. 그러고는 엉덩이를 높이 세워 절뚝거리는 시늉을 하며 걷다가 고개를 빼딱하게 돌렸다.

"야! 이놈아. 큰소리치지만 말고 빨리해 보아라."

---

* 남사당놀이를 하는 뜬쇠들과 재담을 주고받는 어릿광대.
** 태평소를 달리 이르는 말.

"알겠다, 이놈아. 나는 뒤통수에도 눈이 달렸다. 뒤로 한번 넘어 보마."

서로 주거니 받거니 찰떡궁합이었다. 살판쇠는 손에 침을 한 번 탁 뱉더니 서너 발자국 뒷걸음쳤다. 그리고 몸을 날려 공중에서 몇 바퀴 돌아 바로 섰다. 구경꾼들의 박수가 우렁찼다.

"이번에는 숭어뜀*이요."

"번개곤두**를 한번 해 봐라."

살판쇠는 사람들이 흥에 겨워 '숭어뜀'을 외치면 숭어뜀을 넘었고 '번개곤두'를 외치면 번개곤두를 넘었다. 살판뜀이 끝나자 탈을 쓰고 노는 덧뵈기가 이어졌다.

이윽고 남사당패 놀이가 모두 끝나자 구름같이 몰려들었던 구경꾼들이 하나둘 자리에서 일어났다.

"너도 들었지? 며칠 동안 여기서 놀이판을 벌인대."

창수는 자신의 말에 아무런 대답이 없자 동안을 보았다. 동안은 멍한 눈으로 한곳을 뚫어지게 보았다. 창수가 일어나서 동안의 엉덩이를 발로 툭 건드렸다.

"어? 어, 알았어. 가자."

동안은 깜짝 놀라며 말을 더듬었다.

---

* 남사당패의 땅재주 중 손을 땅에 짚고 잇따라 거꾸로 뛰어넘는 동작.
** 남사당패의 땅재주 중 재빨리 공중회전하는 동작.

창수는 혹시나 하며 동안이 보던 곳을 살폈다. 재비 옆에 예쁜 여자아이가 서 있었다.

"너 혹시 쟤……?"

창수가 여자아이를 가리키면서 동안을 내려다보았다. 그 여자아이도 동안과 창수를 보더니 동안이 있는 곳으로 성큼성큼 다가왔다. 동안은 깜짝 놀라서 입을 쩍 벌렸다. 그러고는 허겁지겁 일어나 뒤돌며 창수 팔목을 잡아당겼다.

"빨리 가자."

동안은 누구에게 쫓기는 듯 갑자기 말이 빨라졌다.

그때였다.

"꼬마야, 혹시 나를 불렀니?"

앳된 여자아이 목소리였다. 꼬마라는 소리에 창수가 고개를 홱 돌리며 말했다.

"뭐? 꼬마? 그리고 내가 너를 불렀다고?"

창수는 짜증 섞인 투로 말했다. 여자아이는 창수의 말에 아랑곳하지 않고 방긋 웃었다.

"조금 전에 네가 나를 향해 손짓했잖아."

여자아이가 손을 들어 흉내 내면서 창수를 빤히 보았다. 조금 전 여자아이를 가리킨 행동이 자신을 손짓하며 부르는 것으로 안 듯했다.

"그게 아니라…….."

창수는 머리를 긁적이며 우물쭈물했다. 그러다가 화가 났는지 입술을 꼭 깨물며 다시 말을 이었다.

"그런데 너 몇 살인데 나한테 반말하니?"

여자아이는 창수의 말을 듣자마자 맵짠* 눈으로 노려보다가 입술을 깨물었다.

남사당패 아저씨가 손짓하며 말했다.

"인희야, 뭐 하니? 이제 가야지."

"네, 갈게요."

인희는 건성으로 대답하면서 고개를 다시 돌렸다.

"꼬마야, 내일 다시 보자."

인희는 씩 웃으며 말했다. 그러고는 남사당패 쪽으로 도망치듯 잽싸게 뛰었다.

'인희…….'

동안은 속으로 여자아이의 이름을 한 번 불렀다. 동안의 가슴이 뛰기 시작했다.

---

* 성미가 사납고 독하다.

꼭두쇠 아저씨

 두둑, 동안은 한밤중 떨어지는 빗소리에 잠이 깼다. 비는 바로 그쳤지만 깨 버린 잠은 쉽게 다시 오지 않았다. 찌르륵거리는 풀벌레 소리가 방 안까지 제법 크게 들렸다. 동안은 새벽까지 뒤척이다가 결국 눈을 떴다.
 "잠도 안 오는데 서당이나 가야겠다."
 동안은 벌떡 일어나 옷을 주섬주섬 챙겨 입고 집을 몰래 빠져나왔다.
 새벽하늘은 푸른빛과 검은빛이 뒤섞인 쪽빛이었다. 쪽빛을 따라 걷다 보니 벌써 창수 집 앞이었다.
 '아직 자고 있겠지!'
 매일 들르던 창수 집을 오늘은 그냥 지나쳤다. 장터를 지나면서 어제 남사당패가 놀던 공터를 보았다.
 새침한 인희 얼굴이 새록새록 떠올랐다.
 "인희야, 뭐 하니? 이제 가야지."
 동안은 누군가의 말소리에 놀란 듯 고개를 돌리며 주변을 살폈다. 을씨년스러워 보이는 공터에는 쥐새끼 한 마리도 없었다. 아직 이른 새벽이었다.
 '잠을 못 자니 헛것이 보이고 이상한 소리까지 들리는구나.'
 동안은 서둘러 정신을 차리고 서당으로 향했다.
 서당 앞에서 동안과 마주친 훈장은 깜짝 놀랐다. 언제나 서당에 가장 늦게 오고 수업을 마치면 허둥지둥 도망치듯 달아나는 아이가 바로 동안과 창수였다. 지금까지 동안이 이렇게 일찍 온 적은 단 한 번도 없었다.
 "해가 서쪽에서 뜰 노릇이구나!"
 훈장은 보고도 믿지 못하겠다는 듯 고개를 갸웃거렸다. 동안도 멋쩍은 웃음을 지으며 뒷머리를 긁적였다. 시간이 지나자 아이들이 서당으로 한 명 두 명 모이기 시작했다. 훈장은 수업을 시작하며 밝은 얼굴로 동안을 불렀다.
 "이 책은 천자문보다 좀 더 수월할 게다."
 훈장은 '동몽선습'이라는 책 한 권을 건넸다.
 '이 녀석이 천자문을 떼더니 공부에 재미를 들였구나.'

훈장은 흐뭇하게 미소 지었다. 하지만 그런 기대는 바로 실망으로 변했다. 얼마 지나지 않아 동안은 병든 닭처럼 꾸벅꾸벅 고개를 떨어뜨렸기 때문이다. 훈장은 동안을 보며 혀를 내둘렀다. 기가 막혀 아무 말도 나오지 않았다.

 수업이 끝나자 동안은 눈이 초롱초롱 빛났다. 언제나 그랬듯 창수와 함께 서당을 가장 먼저 뛰쳐나가 장터로 달렸다. 동안과 창수는 장터 이곳저곳을 기웃거리다가 남사당패가 모인 공터로 슬슬 움직였다. 광대들은 도구와 악기를 꺼내며 자리를 잡았다. 놀이가 시작되려면 아직 시간이 남은 듯했다. 둘은 멀뚱거리며 남사당패 주위를 맴돌았다.

 "아직 멀었나?"

 창수는 같은 말을 몇 번씩이나 내뱉으며 남사당패를 쳐다보았다. 동안은 창수가 고개를 돌릴 때마다 놀라며 딴짓하는 척했다. 동안의 관심은 남사당패 놀이가 아니라 다른 곳에 있기 때문이었다.

 "야! 그 여자아이 찾고 있냐?"

 창수가 씩 웃으며 말을 툭 던졌다. 동안은 깜짝 놀라며 잠시 머뭇거렸다. 그러고는 더듬거리며 입을 열었다.

 "뭐! 그, 그……."

 "아니면 말고."

창수는 깔깔 웃으며 동안의 말을 잘라 버렸다. 동안은 속으로 다행이라 생각했지만 얼굴이 홧홧 달아올랐다. 그렇다고 감정을 드러낼 수도 없었다.

풍물놀이가 시작됐다. 상모를 쓴 광대가 고갯짓, 몸짓으로 온갖 재주를 부리며 채상모를 휘휘 돌려 댔다. 채상모 끝에 달린 기다란 채가 빙빙 돌며 원을 만들었다. 징, 꽹과리, 장구 소리가 어울려 귀청을 따갑게 했지만 동안의 귀에는 아무것도 들리지 않았다. 동안은 딴생각을 하는지 멍하니 앉아 앞만 보았다.

놀이가 끝날 무렵, 동안은 정신을 겨우 차렸다. 고개를 돌려 보니 창수는 신이 난 듯 가락에 맞춰 고개를 까딱까딱 흔들었다. 탈을 쓴 광대들이 모두 나와 춤추며 마무리 인사를 했다.

흥겹던 놀이판이 끝나자 구경하던 사람들도 하나둘 자리를 뜨기 시작했다. 동안도 슬그머니 일어났다. 창수가 동안의 팔을 잡았다.

"어디 가려고? 걔는 보고 가야지."

"누구?"

동안은 눈을 똥그랗게 뜨며 창수를 바라보았다.

"어제 우리를 약 올린 여자아이 있잖아!"

창수는 목을 한 번 가다듬고 말끝에 힘을 주었다. 동안은 창수를 보며 입술을 꼭 깨물었다. 조금 뒤 구경꾼이 거의 사라지고 남사당패만 남아 처량한 공터 한구석을 지켰다.

"가자."

창수는 동안을 끌고 남사당패로 향했다. 인희가 짐을 싸며 동안과 창수를 보았지만 동안은 인희 눈을 피하려고 딴청을 피우면서 창수를 뒤따라갔다.

"너희들 무슨 볼일이라도 있니?"

어제 인희를 불렀던 아저씨가 창수를 보며 물었다.

"아저씨, 저…… 여쭤 볼 게 있는데요."

창수는 웃음 띤 얼굴로 코를 실룩거리며 말했다.

얼떨결에 따라온 동안은 눈이 휘둥그레졌다. 갑자기 머릿속도 복잡해졌다.

'인희 나이를 물어보려는 건가? 아니면 또 뭐가 있지?'

동안은 이 생각 저 생각을 하다가 창수를 빤히 노려보았다.

"저……."

창수가 조심스럽게 이야기를 꺼냈다. 듣고 보니 남사당패에 관한 이야기였다. 동안은 한숨 돌렸다. 이야기를 듣고 있는 아저씨는 남사당패의 우두머리인 꼭두쇠였다.

인희가 짐을 다 쌌는지 양손을 탈탈 털며 사뿐사뿐 뛰어왔다. 그리고는 무슨 구경이라도 난 듯 꼭두쇠 아저씨 옆에 딱 붙어서 동안과 창수를 요리조리 살폈다.

"그래, 네가 재주를 부릴 줄 안다고? 남사당패에 들어오려면 한 가지라도 재주가 있어야 하는데 여기서 한번 해 보거라."

꼭두쇠 아저씨는 껄껄 웃고는 걸쭉한 목소리로 말했다. 창수가 잠시 머뭇거렸다. 재주라고는 줄타기밖에 할 줄 몰랐기 때문이다. 긴 한숨이 저절로 나왔다.

"아저씨, 쟤는 줄타기밖에 할 줄 몰라요. 제가 땅재주를 한번 넘어 볼게요."

입을 꾹 다물고 있던 동안이 말문을 열더니 탁 트인 곳으로 씩씩하게 걸어갔다. 몇 발을 뛰어가 땅에 손을 짚고 펄쩍 뛰어 한 바퀴를 돌았다. 다음에는 앞으로 달려가 땅을 짚지 않고 펄쩍 뛰었다. 공중에서 한 바퀴 돌아 땅을 밟았다.

"번개곤두를?"

인희가 놀란 듯 입을 쩍 벌렸다.

"제법이구나. 혹시 다른 재주는 없느냐?"

꼭두쇠의 말에 동안이 잠시 머뭇거렸다.

"저, 피리도 좀 불 줄 아는데……."

동안은 자신 있게 이야기하다가 갑자기 말꼬리를 흐렸다. 말은 꺼냈지만 피리가 없어 들려줄 수 없다는 생각이 들었다.

"피리? 어디서 배웠느냐?"

꼭두쇠 아저씨는 동안을 보면서 물었다.
"할아버지요. 저희 할아버지가 피리를 잘 부세요."
동안은 자신 있다는 듯 잽싸게 대답했다. 할아버지에게 배운 피리 솜씨는 꽤 쓸 만했기 때문이다. 동안의 할아버지인 이화실은 피리의 명인으로 불릴 만큼 꽤 유명했다.
꼭두쇠 아저씨도 동안의 이런 마음을 알았는지 인희를 시켜 향피리를 가져오게 했다. 동안은 얇게 깎은 서를 향피리에서 빼내 조심스럽게 입에 물었다. 피리의 서가 촉촉이 젖어야 제

대로 된 소리가 나기 때문이었다. 한참 후 입에 물었던 서를 빼서 살피고 피리에 꽂았다. 꼭두쇠 아저씨는 동안을 보면서 고개를 끄덕였다.

동안은 바르게 앉아 턱을 약간 당기고 피리를 양손에 쥐었다. 그러고는 피리를 입에 물었다.

"필리리 필리리 필릴리 필릴리리……."

구슬픈 소리가 흘러나왔다. 동안은 숨으로 소리를 살렸다 죽이고 혀를 밀고 당겨 황홀한 소리를 내뿜었다.

"필리리 필리리 필릴리……."

꼭두쇠 아저씨는 동안의 피리 소리를 제대로 듣기 위해 모든 힘을 눈과 귀로 쏟았다. 장난기 어린 인희 얼굴도 점점 진지한 모습으로 변해 갔다.

동안은 살포시 눈을 감고 피리와 한 몸이 되어 소리를 냈다. 남사당패에 있던 재비 하나가 슬며시 일어나 피리 소리에 귀를 기울였다. 꼭두쇠 아저씨는 차분한 얼굴로 동안의 모습을 하나도 놓치지 않고 유심히 살폈다. 동안은 연주를 끝내고 피리를 양 무릎 위에 올려놓았다.

"피리가 주인을 만난 듯하구나. 어디 내놓아도 손색이 없을 듯해!"

꼭두쇠 아저씨는 고개를 끄덕이며 동안을 바라보았다.

"우아! 대단한데. 이런 피리 소리는 처음이야!"

인희도 활짝 웃으며 감탄사를 쏟아 냈다. 꼭두쇠 아저씨가 흡족하게 웃자 동안의 입에서 생각지도 못한 이야기가 툭 튀어나왔다.

"아저씨, 그럼 저를 남사당패에 넣어 주시는 건가요?"

동안은 어디서 그런 용기가 났는지 제법 당당하게 말했다. 창수는 깜짝 놀라 눈이 휘둥그레졌다.

창수가 남사당패를 찾아간 이유는 다른 곳에 있었다. 장난꾸러기이지만 여자 앞에서는 말도 제대로 못 하는 동안이 너무 답답했기 때문이었다. 그런데 일이 이상하게 꼬인 듯했다.

동안은 꼭두쇠 아저씨와 인희를 번갈아 보며 대답을 기다렸다. 당장에라도 허락이 떨어지면 바로 들어갈 기세였다. 창수는 속이 타고 답답했지만 이미 엎질러진 물이었다.

"글쎄다. 피리 솜씨 하나만 보더라도 여기 들어오는 거야 큰 문제가 없지만 여기는 아무나 들어오는 곳이 아니야."

동안은 꼭두쇠 아저씨를 물끄러미 바라보았다. 꼭두쇠 아저씨가 조금 뜸을 들인 뒤 말을 이었다.

"네 차림새를 보면 부모 밑에서 밥은 제대로 먹고사는 것 같은데 고아가 아니라면 반드시 집안 어른에게 허락을 받아야 한다. 남의 자식을 함부로 데리고 다닐 수는 없지."

동안은 잠시 얼굴을 찌푸리며 고개를 푹 숙였다. 하지만 무슨 좋은 생각이라도 났는지 고개를 번쩍 들었다.

"저…… 사실 아버지 어머니가 안 계셔요. 저를 꼭 데려가 주셔야 해요."

말이 끝난 뒤 동안은 얼굴을 찌푸리고 울먹울먹했다. 창수는 동안을 보면서 터져 나오는 웃음을 겨우 참았다. 나중에는 손으로 입을 틀어막았다. 꼭두쇠 아저씨도 창수를 보면서 속으로 웃었지만 겉으로는 태연한 척했다.

"그래그래 알겠다. 아버지 어머니가 모두 안 계시다고."

꼭두쇠 아저씨는 동안의 어깨를 살살 다독거리며 창수를 슬쩍 보았다.

동안은 슬픈 표정으로 고개를 끄덕였다.

"좀 전에 할아버지한테 피리를 배웠다고 했지? 우리가 다음에 올 때는 할아버지한테 같이 찾아가 허락을 받자꾸나."

동안은 '할아버지'라는 말에 가슴을 졸였지만 '다음'이란 말에 마음이 놓였다.

'뭐! 허락이라고? 그런 방법도 있었네.'

동안은 남사당패에 들어가려고 거짓말한 게 후회되었다. 꼭두쇠 아저씨도 이미 눈치챈 듯했다. 동안은 일이 더 커지지 않은 것을 다행으로 생각하며 자리에서 일어났다.

집으로 돌아가는 길에 창수가 동안의 옆구리를 꾹 찔렀다.

"뭐? 아버지 어머니가……."

동안이 말하고 있는 창수의 입을 억지로 틀어막았다.

"네가 웃지만 않았어도! 지긋지긋한 서당일랑 그만두고 남사당패와 조선 팔도 곳곳을 유람할 수 있었는데……."

동안은 아쉽다는 표정을 지으며 창수에게 따지듯 말했다.

"너 진짜 따라가려고 했어? 다 일러 버린다."

창수가 큰 소리로 으름장을 놓자 동안이 눈을 흘겼다.

"시작은 네가 먼저 했잖아. 나 혼자 당할 수만은 없지."

동안도 질세라 이를 꽉 깨물고 창수 말을 받아쳤다.

"알았어, 알았다고. 일단 오늘 일은 죽을 때까지 비밀이다. 알았지?"

겨울바람에 몸을 움츠리다

　이번 겨울에는 우리 민족에게 세찬 바람이 불었다. 그 바람의 시작은 섣달 보름에 불어온 고종황제의 사망 소식이었다. 심지어 독살이란 이야기도 있었다.
　설날이 며칠 지나고 일본에서 유학한 조선 학생들이 '2.8 독립 선언'을 발표했다. 얼마 후, 3월 1일에는 서울에서 만세 운동이 일어났다. 태극기를 흔들고 독립 만세를 부르던 사람들이 총칼을 든 일본 경찰에게 무자비하게 당했다. 다친 사람, 쓰러진 사람, 끌려가는 사람 등 핏자국으로 얼룩진 거리는 아수라장을 방불케 했다.
　그래도 겨울은 가고 봄이 다시 찾아왔다. 길섶 그늘에는 아직도 하얀 눈이 군데군데 남아 있지만 바람만 없다면 완연한 봄이었다. 탐스럽게 핀 목련도 떨어지고, 떨어진 자리 위에 붉은 철쭉이 수줍은 듯 고개를 들며 활짝 웃었다. 산과 들도 봄날 햇빛을 듬뿍 받아 연둣빛으로 바뀌었다. 게다가 봄바람은 겨울바람과 달리 따스한 소식을 가져왔다.

"뭐? 며칠 뒤에 남사당패가 온다고?"

창수의 말에 동안은 살짝 놀랐다. 동안은 남사당패가 벌였던 신나는 놀이를 떠올렸다.

'담뱃대로 쳇바퀴를 돌리다가 하늘 높은 곳으로 던지고 받고, 또 던지고 받고……. 그걸 어떻게 눈 감고도 할 수 있지? 게다가 살판쇠 두 명이 같이 재주넘어도 아슬아슬 피해 가는 건 정말 굉장했어!'

그때 인희 얼굴이 불쑥 나타났다. 꼭두쇠 앞에서 피리를 불었을 때 활짝 웃으며 좋아하던 인희였다.

"야! 너 무슨 생각하고 있니? 몇 번이나 불렀는데 듣지도 못하고 멍하게 서 있어!"

창수는 실실 웃으며 동안을 툭 건드렸다.

"어! 아, 아무것도 아니야!"

동안은 움찔 놀라며 말을 더듬거렸다. 창수도 작년에 봤던 남사당패 놀이를 주절거리며 즐거워했다. 이런 이야기를 주고받다 보니 어느새 장터 앞이었다. 봄기운 덕분인지 장터도 활기가 넘쳤다. 오랜만에 장터를 찾은 두 사람은 여기저기를 기웃거리며 곳곳을 돌아다녔다. 그러다가 작년 가을 남사당패가 놀았던 공터 앞까지 걸어갔다.

"우리 여기서 놀고 갈까?"

창수가 동안을 보면서 눈짓했다.

"좋아!"

이 순간을 기다렸다는 듯 동안의 목소리도 경쾌했다.

겨울 동안 두 사람은 뒷산에 올라가 땅재주, 줄타기 연습을 하며 시간을 보냈다. 동안은 꼭두쇠 아저씨 앞에서 더 멋진 재주를 보여 주지 못한 것이 못내 아쉬웠다. 그래서인지 몰라도 살을 에는 추위에도 아랑곳하지 않고 땀을 뻘뻘 흘리며 이번 겨울을 보냈다. 창수 역시 줄타기보다 땅재주에 많은 시간을 쏟아부었다. 다시 기회가 온다면 멋진 땅재주를 보여 주고 싶었기 때문이다.

창수가 먼저 달려가 자리를 잡았다.

"사람 참 많이 모였구나."

창수가 우렁찬 목소리로 흥을 돋우며 땅재주를 부리는 살판쇠 흉내를 냈다.

"사람이 많건 적건 간에 도대체 여긴 무슨 일로 나왔소?"

동안이 구수한 목소리로 창수의 말을 받아 주었다. 창수가 말을 다시 이었다.

"뭔 일이 아니라 신명 나게 한바탕 놀러 나왔지!"

동안과 창수는 진짜 광대라도 된 듯 제법 그럴싸했다. 그리고는 이쪽저쪽을 빠르게 오가며 땅재주도 넘었다.

"우아! 여기서 이렇게 재주를 넘으니까 우리 진짜 남사당패가 된 것 같다. 그렇지?"

동안과 창수는 한참을 그렇게 놀았다.

"이제 그만하자. 힘들어!"

창수가 숨을 헐떡거렸다. 코에 땀방울이 송골송골 맺히고 옷이 땀으로 흠뻑 젖었다. 동안은 이마에 흐르는 땀을 손으로 훔쳐 냈다.

"목말라. 물 마시러 가자."

동안의 말이 떨어지기 무섭게 창수가 고개를 끄덕였다. 둘은 우물로 달려갔다. 물 한 바가지로 타는 목을 식힐 수 없었다. 시원한 물로 배를 꽉꽉 채웠다. 그제야 좀 살 만했는지 동안이 먼저 입을 열었다.

"야! 우리 오늘 진짜 잘하지 않았니?"

동안은 아주 흐뭇한 표정을 지으며 배를 퉁퉁거렸다. 평소에는 겨우 되던 것도 오늘은 마음먹은 대로 척척 다 되었다. 창수가 고개를 끄덕이며 맞장구쳤다. 둘은 서로 칭찬을 주거

겨울바람에 몸을 움츠리다　59

니 받거니 하면서 덩실덩실 어깨춤을 추었다. 어둠이 서서히 내려와 붉게 물든 저녁노을을 지워 나갔다. 떨어지는 해를 보자 창수가 조금 서둘렀다.

"집까지 뛸까?"

"안 돼. 배가 터질 것 같아서 도저히 못 뛰겠어."

동안이 배를 불쑥 내밀며 만졌다. 그리고 뛰는 대신 조금 빨리 걸었다. 창수와 헤어진 동안은 온 힘을 다해 뛰기 시작했다. 배도 꺼지긴 했지만 혼자 걷는 밤길은 무서웠다. 조금 달리자 오르막이 나왔다.

'조금만 더……'

동안은 이를 꽉 깨물었다. 땀이 머리에서부터 등줄기를 타고 흘러내렸다. 너럭바위가 보였다.

"휴우!"

순식간에 날아온 것 같았다. 동안은 너럭바위에 걸터앉아 잠시 숨을 돌렸다. 바로 아래가 마을이었다. 여기서 보면 동네 사람들이 뭘 하는지 다 알 수 있었다.

"짜그락짜그락."

작은 돌이 밟히는 소리였다. 누군가 이쪽으로 올라왔다.

'이 시간에 누굴까?'

동안은 고개를 갸웃거리며 수풀 쪽으로 살금살금 움직였다.

마을 사람이라면 다행이지만 혹시라도 일본 경찰이라면 우연히 마주치는 것도 싫었다. 고요한 적막을 깨는 사람 발자국 소리는 조금씩 커졌다.

동안은 불안해서 수풀 안으로 들어가 몰래 살펴보았다. 어둠 속에서 검은 물체가 모습을 조금씩 드러냈다. 소리도 점점 또렷해졌다. 동안은 숨을 죽인 채 눈만 깜박거렸다.

'어! 저 사람은…….'

검은 물체는 바로 덕근이 형이었다. 덕근이 형은 급한 일이라도 있는 사람처럼 반달음을 치면서 뒤를 슬쩍슬쩍 살폈다.

'덕근이 형이 우리 마을에?'

잠시 생각해 봤지만 이사하고 몇 년 동안 덕근이 형은 단 한 번도 마을에 오지 않았다. 마을에는 학교에 다니는 사람도 덕근이 형 또래도 없었다. 동안은 발걸음 소리가 사라질 때까지 한참 숨어 있었다.

'내가 지금 이러고 있을 때가 아닌데.'

동안은 수풀에서 나와 다시 길을 내려갔다. 빨리 걷고 싶었지만 내려가는 길은 자갈이 많아 자칫하면 미끄러질 수 있었다. 가파른 길이 끝나자 집이 보였다.

"오늘은 무슨 핑계를 대지?"

동안의 머릿속이 바빠졌다. 이제 더 써먹을 마땅한 핑계도 없었기 때문이다.

"에잇! 서당을 그만둬 버리든지!"

무심결에 뱉은 말이었지만 진심이었다. 동안은 서당을 그만두고 남사당패에 들어가고 싶은 마음이 간절했다.

"오늘 참 멋졌지!"

동안은 스스로를 칭찬하며 마음을 다잡았다. 아무리 생각해 봐도 오늘 낮에 창수와 벌인 재주는 지금까지 중에 최고였다.

며칠 뒤 남사당패가 장터를 찾았다. 동안의 몸은 서당에 있었지만 마음은 벌써 장터에 가 있었다. 책장을 넘길 때마다 한숨이 나왔다.

'오늘따라 글이 왜 이렇게 많아.'

푸념하면서 책장을 넘겼다. 마침내 공부를 끝내고 동안은 서당을 쏜살같이 빠져나왔다.

"야! 같이 가자. 뭐 좋은 일이라도 있어?"

창수가 화난 듯 소리를 빽빽 질렀다. 동안이 가던 길을 멈췄다. 괜한 행동으로 창수에게 오해 살 필요가 없었다.

"미안!"

작은 고개를 넘어가자 장터가 보였다. 멀리서 풍물 소리가 울려 퍼졌다. 동안은 장터 쪽을 유심히 살폈다.

"어! 뭐야? 벌써 시작했잖아."

동안은 조금 놀란 눈빛이었다. 장터에는 남사당패의 깃발이 빙빙 돌았다. 동안이 먼저 뛰자 창수도 덩달아 뛸 수밖에 없었다. 둘이 장터에 도착했을 때는 이미 쳇바퀴를 돌리는 버나쇠 놀이가 끝나 버렸다.

"아쉽네! 이건 꼭 봐야 했는데……."

창수는 아쉬운 듯 얼굴을 구기며 말했다. 동안은 못 들었는지 아무 말도 하지 않았다. 그러고는 뭔가를 찾는 듯 고개를 이리저리 돌렸다. 창수는 안 보는 척하면서 동안의 행동을 슬쩍슬쩍 엿보았다.

　이번에는 살판쇠가 나와 땅재주를 부렸다. 작년에 왔던 남사당패가 분명했다. 낯익은 광대가 몇 있었고 꼭두쇠 아저씨도 보였다. 하지만 인희가 보이지 않았다.

　'이번에는 안 왔나?'

　동안은 창수의 눈치를 보며 인희를 찾았다. 재주가 끝날 때마다 사람들의 큰 박수가 이어졌다. 창수가 갑자기 동안 옆으로 바짝 붙었다.

　"너 봤어?"

　창수가 씩 웃으며 동안의 귀에 입을 갖다 대고 물었다. 동안은 모른 척 다시 물었다.

　"뭘?"

　"인희 말이야. 나는 봤는데!"

　창수가 씩 웃으며 동안의 귀를 잡고 귀청이 떠나갈 듯한 소리로 말했다. 동안은 깜짝 놀라며 창수를 쳐다보았다. 창수는 약을 올리듯 피식피식 웃기만 했다. 동안이 눈을 찌푸리며 노려보았다.

　창수는 못 이기는 척 동안을 잡아당겨 자기 옆에 서게 하더니 손가락으로 어딘가를 가리켰다. 창수의 손끝에 인희가 있었다. 동안은 갑자기 눈이 휘둥그레졌다. 아무 일도 없는 듯 애써 태연한 척했지만 가만히 있어도 드러나는 기쁨은 감출 수 없었다. 인희는 악기를 연주하는 재인들 옆에 쪼그리고 앉아 있었다. 무언가를 만지작거리며 정신을 쏟았다.

땅에 떨어진 쑥떡

"인희야, 처음인데도 아주 잘하는구나."

뜬쇠가 인희를 칭찬했다.

"뭘요! 재미있기만 한 걸요."

인희는 그냥 하는 말인 줄 알면서도 기분이 좋았다.

지난겨울 인희는 인형을 가지고 하는 덜미 놀이를 배웠다. 인형의 목덜미를 잡고 다룬다고 해서 '덜미'라는 이름이 붙은 꼭두각시 인형극이었다.

사실 박첨지 인형이나 홍동지, 삼천갑자 동박삭 인형은 대사도 많고 동작도 어려웠다. 인희가 맡은 인형은 뱀도 용도 아닌 상상의 동물 이시미*였다. 이시미 인형은 펄떡펄떡 뛰어다

---

* 전설상의 동물로 용이 되지 못하고 물속에 사는 이무기.

니며 등장하는 인형들을 잡아먹기만 하면 되고, 할 말도 별로 없어 쉽게 익힐 수 있었다.

홍시를 닮은 빨간 해가 높은 나뭇가지 위에 걸렸다. 동안은 남사당패가 머무는 장터 주막을 혼자 찾았다. 싸리담 앞에서 주막 안을 기웃거렸다.

남사당 깃발이 마루 한구석에 세워져 있었다. 사람들 웃음소리가 넘실거리며 방 밖으로 넘어왔다.

"도대체 어느 방에 있는 거야? 그렇다고 방문을 하나하나 열어 볼 수도 없고."

동안은 답답한 마음에 혼잣말하며 입을 비죽 내밀었다. 그때였다. 반가운 목소리가 들려왔다.

"아니, 이게 누구야?"

고개를 돌려 보니 꼭두쇠 아저씨였다. 동안은 살가운 얼굴로 꼭두쇠 아저씨에게 고개를 꾸벅였다.

"이렇게 서 있지 말고 같이 들어가자."

꼭두쇠 아저씨는 주막 안으로 들어가 앞마당에 있는 평상에 몸을 걸쳤다.

"볼일 보고 오셨어요?"

동안이 조심스레 물었다. 막상 꼭두쇠 아저씨를 보았지만 동안은 마음속에 담아 두었던 이야기가 선뜻 나오지 않았다.

"마을 어귀에 있는 주재소*에 갔다 왔다."

꼭두쇠 아저씨가 말했다.

"네? 주재소요?"

동안은 놀라서 눈을 크게 떴다.

"내일까지만 공연하고 빨리 떠나라는구나."

꼭두쇠 아저씨는 힘없는 투로 말했다.

"왜요?"

동안은 꼭두쇠 아저씨를 빤히 쳐다보며 물었다.

"놀이판을 벌이면 사람들이 모일 수밖에 없잖아. 조선 사람들이 모이면 어떤 사고가 일어날지 모르니 지금 떠나라는 걸 내일까지 겨우 미뤘단다."

꼭두쇠 아저씨는 듣기 좋은 투로 둘러말했지만 사실 일본 경찰은 빨리 떠나지 않으면 당장 잡아가겠다고 겁을 주었다. 얼마 전 조선 사람들이 일본 주재소를 습격한 일이 있었다. 그동안 일본의 강압에 쌓여 있던 울분을 터뜨린 것이다. 일본 경찰은 이 일로 신경이 날카롭게 곤두서 있었다. 남사당패가 사람들을 모아 놓고 놀이판을 벌이는 것도 못마땅할 수밖에 없었다.

꼭두쇠 아저씨는 말을 끝내고 땅을 뚫어지게 바라보았다.

---

* 일제 강점기에 순사가 머물며 사무를 맡아 보던 경찰의 말단 기관.

동안의 반쯤 벌어진 입에서 긴 한숨이 새어 나왔다. 동안은 한참을 머뭇거리며 멍하게 앉아 있었다.

'남사당패에 넣어 달라고 말해 볼까?'

요즘 들어 공부가 너무 지겨웠다. 아버지 말이나 행동을 보면 당연히 물려받아야 할 재인청 도대방 자리도 이제 틀렸다는 생각이 들었다.

"무슨 생각을 그렇게 하느냐?"

꼭두쇠 아저씨가 동안의 무릎을 툭 건드리며 말했다. 동안은 집에 가서 허락받자는 이야기가 또 나올까 봐 망설일 수밖에 없었다.

"어! 동안이네. 잠깐만."

방에서 나오던 인희가 동안을 보자 반갑게 인사했다. 그러더니 잽싸게 방 안으로 들어가 쑥떡을 들고 나왔다.

"창수는?"

인희가 둘러보며 말했다.

"창수? 창수는 집에 갔어."

동안은 머리를 긁적이며 대답했다. 그리고는 부끄러운 듯 웃었다.

"돌아다니느라 아직 저녁 못 먹었지? 이거라도 좀 먹어. 배고플 텐데."

인희가 떡 접시를 내밀며 말했다. 동안이 떡 하나를 집어 꼭두쇠 아저씨에게 먼저 내밀었다.

"됐다. 너희들 먹어라. 나는 떡 별로 안 좋아한다."

꼭두쇠 아저씨는 손사래를 치며 자리에서 일어났다. 나뭇가지 아래로 떨어지는 해를 보자 동안은 마음이 불안했다. 동안도 떡 몇 개를 급하게 집어 먹고 밖으로 나왔다. 혼자 걷는 밤길은 왠지 모르게 두려웠다.

다음 날 남사당패가 벌인 놀이는 싱겁게 끝나 버렸다. 시작부터 일본 경찰이 총칼을 들고 매서운 눈빛으로 쏘아보며 주변을 맴돌았다. 이런 사정이다 보니 지레 겁먹은 사람들이 슬슬 자리를 피했다. 술렁이는 분위기 속에서 놀이가 제대로 될 리 없었다. 그나마 자리를 지켰던 구경꾼들도 놀이가 끝나는 순간 연기처럼 흩어졌다.

동안과 창수는 남사당패 광대들과 함께 마지막까지 짐을 싸며 잔심부름을 도왔다. 며칠 동안 정이 들었는지 떠나보내기가 못내 아쉬웠다.

꼭두쇠 아저씨가 짐을 메고 일어나자 광대들이 뒤따랐다. 동안과 창수는 마을 어귀까지 함께 갔다.

"아저씨, 어디로 가실 거예요?"

"글쎄다. 용주사에 잠깐 들렀다가 수원 장터로 가 보려고."

꼭두쇠 아저씨는 부러 밝은 표정을 지었지만 씁쓸한 마음이 발목을 잡아 걸음이 무거웠다. 동안과 창수는 장터 어귀에서 남사당패와 작별 인사를 나누었다.

남사당패가 그리웠던지 동안과 창수는 다음 날 공터를 다시 찾았다. 여기서 땅재주를 넘다 보면 아쉬움도 싹 날릴 수 있었다. 게다가 진짜 광대가 된 것 같은 기분이 들어 더할 나위 없이 좋았다. 이렇게 한참을 놀다가 제풀에 지쳐 땅바닥에 퍼질러 앉았다.

"창수야! 꼭두쇠 아저씨한테 말해서 따라갈 걸 그랬나?"

거친 숨이 조금 수그러들자 동안은 못내 아쉬운 듯 창수한테 속마음을 털어놓았다.

"누가 널 데려간대? 남사당패에 넣어 달라면 할아버지한테 허락받자고 할 거야. 그렇게 되면 거짓말한 거 다 들통날 텐데. 쯧, 정신 차려."

창수는 동안이 몰라도 너무 모른다는 듯 나무라며 말했다.

"누가 그걸 몰라? 그냥 해 본 소리지."

동안은 눈살을 찌푸렸지만 목소리를 높이지는 않았다.

"배 안 고파? 떡 먹을래?"

"그래, 배도 고프고 목도 말라."

두 사람은 말이 끝나기 무섭게 벌떡 일어나 떡 가게로 잰걸음을 놓았다.

"창수야, 오늘은 쑥떡이다. 떡 사서 우물로 갈게. 알았지?"

동안이 떡 가게로 가자 창수는 우물로 뛰었다.

항상 가던 떡 가게 아주머니가 떨이라고 하면서 동안에게 떡을 한 움큼 더 쥐어 주었다. 그 위에 남은 콩고물을 수북이 뿌려 놓자 동안의 손 위에 봉곳한 작은 산 하나가 솟았다. 입에 떡 하나를 물고, 양손 가득 떡을 담은 동안은 천천히 걸었다. 혹시라도 콩고물이 떨어질까 봐 한 발 한 발 조심조심하며 사람들을 피해 걸었다.

그때였다. 뒤쪽에서 큰 소리가 들렸다. 뒤돌아볼 겨를이 없었다. 동안은 앞만 보고 걷는 것도 힘들었다. 갑자기 누군가 쏜살같이 앞으로 달려갔다.

동안을 살짝 스쳤지만 떡고물은 조금도 떨어지지 않았다.

'휴우! 다행이다.'

창수가 다급한 목소리로 부르면서 사람들 사이를 요리조리 피해 동안에게 뛰어왔다.

"동안아, 조심!"

창수의 말이 빨랐지만, 동안이 어떻게 해 볼 틈조차 없었다.

서너 명이 동시에 동안의 어깨를 치며 뛰어갔기 때문이다. 동안의 손에 있던 떡이 땅바닥에 툭 떨어졌다. 연거푸 서너 명이 또 지나갔다. 떡은 밟히고 모래에 짓이겨져 형체를 알아볼 수 없었다. 동안은 떨어진 떡을 바라보며 울상이 되어 발을 동동 굴렀다. 먹지도 못하고 아까웠다.

"봤어?"

창수가 다짜고짜 질문했다.

"그래, 쑥떡이…… 쑥떡이 바닥에 떨어진 거 지금 보잖아."

창수 말에 짜증이 치밀었다. 동안은 바닥을 가리키며 화가 난 듯 말했다.

"아니, 그거 말고. 방금 뛰어가던 형들 말이야."

동안은 창수 말에 관심 없는 듯 떨어진 떡만 바라보다가 고개를 들었다.

"형이라고? 누군데?"

동안은 고개를 갸웃거렸다.

"거기에 분명히 덕근이 형이 있었어. 내가 똑똑히 봤다고."

"뭐? 덕근이 형이?"

동안은 못 믿겠다는 눈으로 창수를 흘겼다.

"근데 좀 이상했어. 뛰어가는 무리 중에 한 명이 피를 흘렸어. 마치 누군가에게 쫓기는 사람들 같았어."

"뭐? 덕근이 형이 거기 있었다고? 에이, 설마."

동안은 믿을 수 없다는 표정으로 창수를 바라보았다.

"진짜라니까."

창수의 말에도 동안은 코웃음을 쳤다.

"배고프다. 떡은 틀린 것 같으니 물이라도 먹고 배를 좀 채워야겠어."

"아니야. 내가 떡 몇 개라도 사올게."

동안이 우물로 터벅터벅 걸어가자 창수는 반대편으로 걸어갔다.

"어!"

우물로 가는 길에 핏자국이 똑똑 떨어져 있었다. 동안은 창수가 조금 전에 했던 말이 떠올랐다.

'혹시?'

동안은 자기도 모르게 핏자국을 따라갔다. 흔적은 장터 옆에 있는 작은 마을까지 쭉 이어지다가 개미굴 같은 골목 중간에서 사라졌다. 이쪽저쪽 두리번거리며 살폈지만 흔적을 찾을 수 없었다.

"여기서 끝이네!"

동안은 장터로 다시 발걸음을 돌렸다. 하지만 개미굴 같은 골목을 다시 빠져나가기도 쉽지 않았다. 집도 골목도 모두 비

숫해 보였다.

"동안아!"

동안은 깜짝 놀라 주위를 둘러보았다. 빈집 대문 틈이 조금 벌어지며 들릴 듯 말 듯한 말소리가 새어 나왔다. 덕근이 형이 문 틈새로 고개를 살짝 내밀었다.

"쉿!"

덕근이 형이 손가락을 입에 대며 걸어 나왔다.

"자세한 이야기는 나중에 하고 부탁 하나 들어줄래? 일본 경찰이 나를 뒤쫓아."

덕근이 형은 아주 다급한 목소리로 사정하듯 말했다.

"네?"

짧은 대답이 끝나기 무섭게 덕근이 형은 검은색 두루마기를 벗어 동안에게 내밀었다.

"뭐 해! 빨리 윗옷도 벗어."

동안은 얼떨결에 저고리를 벗어 덕근이 형과 바꿔 입었다.

"신발도."

덕근이 형이 검정 고무신을 벗어 앞으로 내밀었다.

"고맙다. 넌 조금만 더 있다가 여기서 나가. 알겠지?"

동안은 귀신에 홀린 듯 정신이 아뜩했다. 덕근이 형은 이쪽 저쪽을 살피더니 잽싸게 뛰어갔다.

집을 떠나다

'뭐? 일본 경찰이 쫓는다고······.'

동안은 밖으로 나갈 수 없었다. 쓰러질 듯 기울어진 문 앞에서 쥐 죽은 듯 한참을 웅크렸다. 귀를 쫑긋 세우고 주위를 살폈다. 한참 고요한 적막만 흐를 뿐 아무 소리도 들리지 않았다. 어떻게 해야 할지 막막했다.

'덕근이 형이 진짜 독립운동을 하는 걸까?'

덕근이 형에 대한 일들을 하나씩 떠올려 보았다. 동안과 창수를 보고도 모른 척하며 어디론가 급하게 달려간 일, 늦은 밤 마을 앞 너럭바위 고개를 반달음 치듯 지나간 일, 옷을 바꿔 입고 간 일······. 장소와 시간은 달랐지만 덕근이 형은 항상 누군가에게 쫓기는 듯했다. 일본 경찰에게 쫓긴다는 덕근이 형의 말이 귓가를 맴돌며 떠나지 않았다.

"독, 립, 운……?"

동안은 손으로 입을 재빨리 틀어막았다. 아무리 생각해도 다른 생각은 떠오르지 않았다.

동안은 장터와 마을에서 독립운동을 하다가 끌려간 사람을 수없이 보았다. 하지만 돌아온 사람은 많지 않았다. 설령 돌아왔다고 해도 초주검이 되어 목숨만 겨우 붙어 있는 정도였다.

이런 기억을 떠올리자 숨을 쉴 수도 없을 만큼 지독한 두려움이 온몸을 쥐어짜고 비틀었다.

"어떡하지?"

저도 모르게 이런 말이 툭 튀어나왔다. 밖에 일본 경찰이 있는 듯했다. 문틈으로 살피고 또 살폈다. 아무도 없었다. 검은 두루마기가 왠지 조금 거슬렸다.

"이 옷은 눈에 잘 띌 거야."

검은 두루마기를 입었다면 열에 아홉은 학생이었다. 읍내 주변을 통틀어도 학생은 손으로 꼽을 만큼 적었다. 검은 두루마기를 벗어 집어 던졌다. 옷을 한 번 더 살폈다. 하얀 저고리도 너무 깨끗했다.

"이것도 찝찝해."

저고리를 벗어 땅에 문질렀다. 그러고 나서 몇 번 털었다.

옷이 더러워진 것이 그럴 듯해 보였다. 동안은 숨을 크게 한 번 들이쉬고 용기 내어 집 밖으로 나왔다. 두리번거리며 어지러운 골목을 빠져나왔다.

"어이!"

막다른 골목에서 누가 불렀다. 고개를 돌리지 않았지만 동안은 자기를 부른다는 것을 알 수 있었다. 온몸에 소름이 쫙 끼쳤다. 동안은 주춤거리며 고개를 돌렸다. 제복을 입은 일본 경찰이 동안을 보며 손짓했다. 동안이 머뭇거리자 일본 경찰은 재빠른 걸음으로 다가왔다.

'어떡하지!'

온몸에 두드러기가 난 듯 살갗이 오돌토돌 일었다. 일본 경찰은 동안 주위를 맴돌면서 요리조리 살폈다. 그러다가 고개를 갸우뚱거리며 입을 열었다.

"지금까지 어디 있었지?"

무뚝뚝한 말투에 의심스러운 눈초리로 동안을 쏘아보았다. 동안은 몸을 부르르 떨며 아무 말도 할 수 없었다.

"저……"

동안은 머뭇거리며 머리를 굴렸다. 일본 경찰은 들고 있던 긴 작대기로 동안의 발을 가리켰다.

"이런 옷에 고무신이라……?"

일본 경찰은 혼잣말하면서 중얼거렸지만 동안에게는 천둥 번개 같은 소리로 들렸다. 일본 경찰이 노려보는 눈빛에 숨이 턱 막혔다.

'어떡하지! 사실대로 말할까? 아니야! 안 믿어 줄 거야.'

동안은 한참을 머뭇거렸다. 그때였다.

"삑삑! 삑삑! 삑삑!"

다급하게 불어 대는 호루라기 소리가 들렸다.

"저쪽이다."

고함과 함께 발걸음 소리가 제법 크게 났다. 코앞까지 다가와 눈을 부라리며 위아래로 훑어보던 일본 경찰은 할 수 없다는 듯 인상을 찌푸렸다.

"너! 꼼짝 말고 여기 있어."

일본 경찰은 동안을 노려보며 말했다. 말이 끝나기 무섭게 일본 경찰은 잽싸게 뛰기 시작했다. 동안은 얼빠진 표정으로 일본 경찰이 사라지는 모습을 끝까지 지켜봤다. 긴장이 풀리고 온몸에 기운이 쑥 빠졌다. 다리가 부들부들 떨려 서 있기조차 힘들었다. 동안은 제자리에 털썩 주저앉아 멍하게 땅을 바라보았다. 일본 경찰은 떠났지만 가슴은 여전히 벌렁거렸다.

"휴우! 이제 살았구나!"

저도 모르게 이 말이 나왔지만 조금 전 들었던 말이 가슴을

할퀴었다.

"안 돼! 여기 계속 있다가 혹시라도 일본 경찰이 다시 온다면……."

동안은 혼잣말하면서 벌떡 일어나 뛰었다. 바로 뒤에 일본 경찰이 쫓아오는 것 같았다. 몇 번이고 고개를 돌렸지만 아무도 따라오지 않았다. 동안은 온 힘을 다해 앞만 보고 달렸다. 우물 근처에 있는 사람들을 보자 마음이 조금 놓였다. 온몸에 있던 힘도 스르륵 빠져나갔다.

저편에 있던 창수가 동안을 먼저 보고 말을 걸었다.

"동안아! 왜 그래?"

창수는 우물에 간다던 동안이 없어 걱정하던 중이었다. 어디 다녀왔냐고 화를 내려 했지만 갈 지(之)자로 걷는 동안을 보며 아무 말도 할 수 없었다. 동안은 창수를 보자마자 말없이 손을 잡고 어디론가 끌고 갔다.

"그냥 따라와. 조금 있다가 말해 줄게."

목소리가 파르르 떨렸다. 동안이 창수를 끌고 간 곳은 막다른 골목이었다. 여기서는 무슨 말을 해도 골목 밖의 사람은 들을 수 없고, 골목으로 들어오는 사람은 바로 볼 수 있었다. 동안은 목소리를 낮추고 차분하게 말을 시작했다. 하지만 불안한 듯 시선을 한곳에 두지 못했다.

"뭐? 일본 경찰이 네 얼굴을 똑똑히 봤다고?"

창수 입이 쩍 벌어졌다.

'혹시 동안이 잡혀가는 게 아닐까?'

창수는 이런 생각이 들었지만 겁에 질려 말을 꺼낼 수 없었다. 멍한 눈으로 동안을 바라보며 낯빛이 점점 하얘졌다.

동안은 어두워질 때까지 꼼짝도 하지 못했다. 그사이 창수는 집에 가서 자기가 입던 옷과 미투리를 가져왔다.

"조심해. 무슨 일 있으면 나한테 꼭 알리고."

창수는 이 말을 몇 번이나 하고 동안과 헤어졌다.

동안은 어둑어둑해진 밤길을 걸었다. 풀벌레 소리마저 귀에 거슬렸다. 작은 소리에도 화들짝 놀라 한쪽 구석에 웅크려 주변을 살피곤 했다. 드디어 마을 앞 너럭바위에 도착했다.

"멍!"

마을에서 개 한 마리가 짖었다. 그러더니 동네 개가 전부 따라 짖었다. 누군가 낯선 사람이 온 게 분명했다. 집마다 하나 둘 불이 켜지더니 동네 사람들이 우르르 몰려나왔다.

'무슨 일이지?'

숨을 죽이고 마을을 살폈다. 무슨 일이 생긴 건 분명한데 도무지 알 방법이 없었다. 마을로 내려가려니 겁이 났다.

조금 뒤 사람 소리가 들렸다. 동안은 수풀 속으로 몸을 숨겼다. 점점 커지던 사람 소리가 이제 또렷하게 들렸다. 일본 경찰들이 이야기하면서 걸어왔다. 낮에 있었던 일을 이야기하는 중이었다.

"마을에서 본 꼬마 녀석 하나가 좀 수상했는데……."

동안은 너무 놀라 숨을 죽이고 수풀 아래로 바짝 엎드렸다.

동안의 머릿속이 꼬인 듯 복잡했다. 숨도 쉴 수 없었다.

'그냥 옷만 바꿔 입었을 뿐인데…….'

너무 억울했다. 이렇게 잡혀갈 수는 없었다.

'나쁜 놈들. 자기네들이 남의 나라를 뺏어 놓고……. 우리가 무슨 죄가 있어?'

동안은 화가 났지만 방법이 없었다.

일본 경찰 셋이 너럭바위 앞을 지나갔다. 그중 한 명이 낮에 본 일본 경찰과 비슷했다.

'일단 피하고 보자.'

설마설마했지만 일본 경찰들이 동네까지 찾아올 거라고는 상상도 하지 못했다.

동안은 이리저리 머리를 굴려 보았지만 뾰족한 방법이 없었다. 창수가 했던 말이 떠올랐다.

'조심해. 무슨 일 있으면 나한테 꼭 알리고.'

창수에게 말하려면 왔던 길을 다시 내려가야 했다. 하지만 일본 경찰들이 조금 전 그 길로 내려갔기에 겁이 났다.

'좀 더 기다렸다가 이곳을 떠나자!'

이런 생각을 하자 할아버지, 아버지, 어머니 얼굴이 차례로 떠올랐다. 눈물이 주르륵 흘러내렸다.

'어디로 가야 하지? 산속에서 계속 머물 수도 없고.'

집을 떠나다

여러 사람을 떠올렸지만 갈 곳이 없었다. 그렇다고 무작정 산속에 있다가는 굶어 죽기 십상이었다. 낮에 본 일본 경찰 얼굴이 다시 떠올랐다. 두려웠다. 애써 지워 보려고 했지만 오히려 더 생생하게 다가왔다.

뿌연 안개 속에서 꼭두쇠 아저씨 얼굴이 희미하게 나타났다. 꼭두쇠 아저씨는 일본 경찰에게 몇 번이고 사정했다. 하지만 일본 경찰은 독립 운동 패거리로 몰아가며 소리질렀다.

'안 돼!'

동안은 정신을 차렸다. 꼭두쇠 아저씨의 슬픈 표정이 눈앞에서 가물거리다가 사라졌다.

'혹시 무슨 일 생긴 거 아냐?'

남사당패를 따라가지 못한 게 후회되었다. 갑자기 뭔가가 머릿속을 휙 스쳐 지나갔다.

"용주사! 그곳에 가면 만날 수 있을 거야."

남사당패를 따라가면 적어도 굶지 않을 거란 확신이 들었다. 집을 꼭 떠나야 한다면 무작정 거리를 떠돌아다니는 것보다 남사당패를 따라다니며 재주를 익히는 게 훨씬 더 낫다고 생각했다.

수풀 속에 숨어 있던 동안은 너럭바위 앞으로 나왔다. 그러고는 마음을 굳게 먹었다.

"할아버지, 아버지, 어머니, 잠시 집을 떠나야 할 거 같아요. 남사당패와 함께 있으면서 재주를 배워 훌륭한 광대가 되어서 돌아올게요. 여기 있다간 제 꿈은커녕 일본 경찰한테 끌려가……."

동안은 집을 향하여 절을 올렸다. 인사하고 보니 눈물이 쏟아져 말을 끝까지 할 수 없었다.

하늘에 반달이 걸려 있었다. 보름달만큼은 아니지만 산길을 걷기에는 반달이라도 충분했다. 동안은 창수네 집 앞에서 주변을 살피고 도둑고양이처럼 몰래 집 안으로 들어갔다. 그리고 곤히 잠든 창수를 흔들어 깨웠다.

"창수야, 일어나 봐."

동안은 작은 목소리로 창수를 수십 번 불렀다. 창수는 눈을 비비며 겨우 일어나 벽에 등을 붙였다. 눈을 반쯤 감은 채 동안을 바라봤다.

"왜? 벌써 아침이야?"

"아니, 지금 여기를 떠날 거야."

동안은 작은 소리로 차분하게 말했지만 창수는 눈을 번쩍 뜨며 정신을 차렸다.

"뭐?"

창수는 놀란 듯 큰 소리로 말했다. 동안은 재빨리 창수 입을 틀어막았다. 동안은 너럭바위 뒤에서 본 것을 그대로 말했다.

"정말 일본 경찰이 마을까지 너를 찾아왔다고?"

창수는 걱정 어린 눈으로 동안을 바라봤다.

"창수야, 우리 집에 가서 꼭 말해 줘. 그리고 이 일은 아무한테도 말하면 안 돼! 알았지?"

동안은 창수 손을 잡고 부탁했다. 창수는 입을 굳게 다문 채 고개를 끄덕였다. 창수는 동안을 붙잡고 싶었다. 하지만 동안의 말을 듣고 보니 말릴 상황이 아니었다. 동안의 눈가에 눈물이 글썽거렸다.

"갈게."

굳은 결심이 선 듯 동안은 힘주어 말했다.

승무

잠이 오고 배도 고팠지만 어두운 밤길을 걷는 게 마음이 편했다. 날이 밝으면 사람들 눈에 띌 수 있었다. 여기서 용주사까지는 이십 리가 조금 넘는 길이었다. 쉬지 않고 걷는다면 해가 뜨기 전에 닿을 수 있었다. 동안은 주변을 살피며 잰걸음을 놓았다.

"두우웅웅 두우웅웅."

어둠 속에서 정적을 깨는 범종의 울림이 들렸다. 종소리는 용주사가 동안이 있는 곳에서 멀지 않다는 것을 알려 주었다.

"조금만 더!"

남은 힘을 발끝에 모두 쏟아부었다. 붉은 해가 산 위로 스멀스멀 올랐다. 어둠과 해가 만난 자리에 화산이 그려 놓은 붉은

선이 너울처럼 일렁였다. 온기가 느껴지는 소박한 산자락이 고요히 내려와 솔숲과 만났다.

"저기가 화산인가?"

동안은 고개를 갸웃거렸다. 화산은 처음이었다. 동네 어른들이 병점역으로 가다 보면 태봉산, 화산을 지나야 한다는 말을 자주 했다. 이 말만 믿고 북쪽으로 계속 걸었다. 게다가 몇 해 전 창수와 태봉산에 간 기억을 찬찬히 더듬어 가며 한 발 한 발 내딛었다.

'그래, 태봉산까지 한 번 가 봤으니까 거기를 지나면 화산이 나오겠지.'

스스로 용기를 북돋우며 나아갔다. 날이 점점 밝아 왔다. 이제 몸을 숨겨야 할 때였다. 몸도 지치고 배가 고파 걷기 힘들었다. 산자락이 끝나는 곳에 큰 기와집 하나가 보였다.

"저긴가?"

동안은 힘을 다시 모았다. 솔숲이 끝나는 곳에 기와집처럼 생긴 아주 큰 절이 있었다.

"어! 절 모양이 좀 다른데……."

동안은 사천왕문으로 들어가려다가 잠시 멈추고 뒤돌아보았다. 첫 번째 문이 있어야 할 곳에 문이 없었다. 다시 보았지만 이 문은 생김새로 보아 사천왕문이 분명했다.

절에서 부처를 만나려면 원래 세 개의 문을 지나야 했다. 첫 번째는 기둥이 일직선으로 놓인 일주문(一柱門)이고, 두 번째는 무서운 얼굴의 사천왕이 지키는 사천왕문(四天王門), 마지막은 '진리는 둘이 아니다'는 뜻의 불이문(不二門)이었다.

"사천왕문이라면 두 번째 문인데 첫 번째 문도 없이 바로……?"

사천왕문이 있다면 절이 확실한데 첫 번째 문이 없다는 게 마음에 걸렸다. 하지만 지금 앞에 있는 절이 용주사인지 아닌지는 중요하지 않았다. 주린 배도 채우고 눈도 좀 붙이고 싶었다. 절이라면 인심이 야박하지 않을 거란 생각이 앞섰다.

동안은 앞으로 조금 더 걸어갔다. 왼쪽에 5층 석탑이 있었다. 어른 키 두세 배는 되어 보였다. 여기저기 뚫린 구멍에 이끼가 뒤덮여 있었다. 세월의 흔적이 느껴지는 아주 오래된 탑이었다. 동안은 두리번거리며 좀 더 나아갔다.

"가만! 이게 또 뭐야?"

여기도 조금 이상했다. 지나갈 때는 몰랐는데 갑자기 이상한 생각이 들어 뒤돌아 다시 한 번 살폈다. 붉은 색 기둥으로 만든 '문(門)'자 모양의 문이 있었다.

　동안은 매년 초파일마다 할아버지와 함께 근처에 있는 절을 찾았다. 자세히 몰라도 절이 어떻게 생겼는지 뭐가 어디에 있는지 정도는 알았다. 그런데 이런 모양의 문은 처음이었다.

　"이상한데?"

　동안은 머리를 갸웃거렸다.

　"첫 번째 문은 없는데 두 번째 문을 지나자 특이한 문이 또 있네. 생긴 걸로 보아 불이문은 아닌 듯한데……."

　다시 살펴봐도 '문(門)'자 모양이 확실했다. 그것은 홍살문이었다. 왕이 있는 곳에는 '안녕과 무병'을 바라기 위해 붉게 칠한 홍살문을 세웠다. 이곳은 바로 사도 세자가 잠들어 있는 곳이기 때문에 홍살문이 있었다.

　홍살문 뒤로 마지막 불이문이 있었다.

　"이 문도 조금 이상한데……."

　부잣집에나 있을 법한 솟을대문이 무려 세 개나 있었다. 문기둥에 '용주사불'이란 글자가 보였다.

　"용주사불(龍珠寺佛)이라. 여기가 바로 용주사 부처님(佛)이 계신 곳이구나."

　동안은 한자를 보며 이 정도는 자신 있는 듯 한 번에 읽고 풀이까지 줄줄 했다. 이제 마음이 조금 놓였다. 드디어 용주사에 왔다는 생각이 들자 기분이 상쾌했다. 동안은 지나가는 젊은 스님과 마주치자 공손하게 손을 모았다. 스님도 동안에게 인사했다.

"동자는 여기 무슨 일로 오셨습니까?"

스님이 차분하게 물었다.

"혹시 남사당패가 여기 머물고 있나요?"

동안의 말에 스님은 고개를 끄덕이며 대웅보전 맞은편 선방으로 동안을 데려갔다.

"거사님, 밖에 누가 찾아오셨습니다."

선방 문이 덜커덕 열렸다. 꼭두쇠 아저씨였다.

"네가 여기까지 어쩐 일이냐?"

꼭두쇠 아저씨는 소스라치게 놀라 눈이 휘둥그레졌다.

"그럼 편히 쉬십시오."

스님은 조용히 말하고는 대웅보전 쪽으로 천천히 사라졌다. 꼭두쇠 아저씨가 방 한쪽 구석으로 동안을 데려갔다. 그러고는 용주사까지 자신을 찾아온 이유를 물었다. 동안은 한참을 망설이다가 입을 열었다. 여기까지 찾아온 이유를 하나씩 꺼내 놓았다.

동안은 지칠 대로 지쳐 몸을 가눌 수 없을 만큼 힘들었다. 말하면서도 무슨 이야기를 하는지조차 모를 정도로 혀가 점점 꼬였다. 그러다 갑자기 눈이 풀리고 앞이 빙글빙글 돌았다.
"너럭바위에서 일본 경……."
동안은 물에 젖은 미역처럼 축 늘어지며 옆으로 쓰러졌다.
인희는 땀을 흘리며 잠든 동안을 곁에서 보살폈다. 동안이 갑자기 몸을 꿈틀거렸다. 그러더니 거친 숨을 쉭쉭거리다가 비명을 질렀다.
"안 돼!"
동안은 갑자기 몸을 일으켰다. 멍하게 어딘가를 바라보다가 다시 쓰러졌다. 악몽을 꾼 듯했다.

다음 날 정오가 될 무렵이 되어서야 동안은 몸을 심하게 비틀며 깨어났다.
"여기가 어디야?"
동안은 게슴츠레 눈을 떴지만 헛것을 본 것처럼 깜짝 놀랐다. 고개를 돌리자 낯익은 얼굴 몇몇이 보였다. 남사당패 광대들이었다. 꼭두쇠 아저씨가 동안을 보면서 입을 열었다.
"이제 일어났느냐?"
꼭두쇠 아저씨는 마음이 놓이는 듯 미소를 지었다. 동안은 정신을 차렸지만 자기가 왜 이곳에 있는지 기억나지 않았다. 꼬박 하루를 누워 있었다.

잠시 후, 방문이 열리고 인희가 대나무 소쿠리 하나를 안고 들어왔다. 아침에 얻어 놓은 밥 한 그릇과 짠지 몇 개였다.
"배고플 텐데 먹어."
동안은 밥을 보자마자 허겁지겁 입에 넣기 바빴다.
꼭두쇠 아저씨는 대웅보전 앞마당 주위를 맴돌았다. 용주사는 집과 다름없었다. 어린 시절, 집도 없이 거리를 떠돌아다닐 때 용주사 스님은 꼭두쇠 아저씨를 용주사에 데려와 키워 주

었기 때문이다. 그러다가 꼭두쇠 아저씨는 용주사 가까이 공연하러 온 남사당패에 들어가 재주를 익혔다.

남사당패에 들어간 꼭두쇠 아저씨는 전국을 돌아다니게 되었다. 그 후 용주사 근처를 지날 때마다 잊지 않고 들렀다. 이번에도 마찬가지였다. 이삼 일 정도 머물다가 수원 장터로 떠날 생각이었지만 갑자기 동안이 찾아오는 바람에 며칠 더 머물기로 했다. 다음 장날을 맞추려면 어쩔 수 없었다.

꼭두쇠 아저씨는 불쑥 나타난 동안을 보면서 생각에 잠겼다. 일부러 찾아온 사람을 돌려보낼 수도 없었지만 동안의 사정 이야기를 듣고 보니 더더욱 모른 척할 수도 없었다.

꼭두쇠 아저씨는 한참을 고민하다가 남사당패가 머무는 방으로 갔다. 문을 열고 작은 소리로 말했다.

"자네, 나 좀 보세."

살판 놀이를 배우는 삐리* 한 명이 밖으로 나왔다. 꼭두쇠 아저씨와 삐리는 용주사를 빠져나와 솔숲까지 거닐면서 이야기했다.

"무슨 말인지 알겠나?"

꼭두쇠 아저씨의 말에 삐리는 고개를 끄덕였다. 그러고는 재빨리 솔숲에서 사라졌다.

---

* 남사당패에서 각 재주의 선임자 밑에서 재주를 배우는 초보자.

다음 날 아침, 꼭두쇠 아저씨는 남사당패 모두를 한곳에 불러 모았다.

"내일 아침 일찍 이곳을 떠나야겠다. 오늘 저녁에는 특별한 제사가 끝나고 승무를 춘다고 하니 모두 같이 보면 좋겠구나."

저녁 무렵, 용주사에 많은 사람이 모여들었다. 모두 제사를 지내러 온 사람들이었다. 대웅보전 앞에서 주지 스님이 법문을 읽었다. 향로에 꽂힌 향에서 연기가 서리서리* 고리를 만들며 피어올랐다.

선방 앞에 서 있던 꼭두쇠 아저씨는 누군가와 눈이 마주치자 슬며시 자리를 비웠다. 남사당패는 대웅보전 앞마당에서 제사가 끝나기를 기다렸다. 제사가 끝나자 사람들 모두 승무를 보기 위해 앞마당으로 내려왔다.

마당 한쪽에 장구, 피리, 해금, 북을 가지고 온 재비들이 앉아 있었다. 방문이 열리고 하얀 고깔을 쓴 여인이 사뿐사뿐 땅을 밟았다. 손끝에 매달린 한삼과 푸른 한복이 여인을 포개며 감쌌다. 여인의 모습은 까만 밤을 수놓은 한 폭의 그림이었다.

"둥."

침묵을 깨는 징 소리가 울려 퍼졌다.

---

* 연기 따위가 자욱하게 올라가는 모양.

"똑, 똑똑, 또로로록."

목탁 소리가 빨라지다가 느려졌다. 애절한 피리 소리와 함께 여러 악기가 소리를 맞췄다.

바짝 엎드린 여인이 천천히 몸을 일으키며 승무를 추기 시작했다. 너풀거리는 한삼이 공중에서 원을 그렸다. 여인이 발을 들어 올릴 때마다 버선코가 살짝 드러났다. 여인은 나비가 되어 하늘을 날았다. 땅으로 내려온 나비는 다시 여인이 되었다. 한삼이 높이 솟구치며 하늘과 맞닿았다. 하늘에 뜬 별이 꽃잎이 되어 아래로 떨어졌다. 여인은 그 꽃잎을 받아 장난치듯 뛰다가 다시 걸었다.

동안은 여인을 뚫어지게 보았다. 여인의 몸짓이 동안의 시선을 단숨에 붙잡았다.

'세상에 이런 춤이 있었다니!'

동안은 믿을 수 없었다. 떨림과 울림, 기쁨과 슬픔, 세상 모든 것이 이 춤에 담긴 듯 묘한 기분이 들었다.

몇 년 전, 작은할아버지가 외줄에서 뛰어오르는 것을 보며 느꼈던 기분과 비슷했지만 뭔가 달랐다. 그때보다 몇 배 아니 몇십 배 크기의 파도가 순식간에 동안을 덮친 느낌이었다.

여인은 마당을 천천히 거닐며 한삼을 팔랑거렸다. 손끝에 매달린 한삼이 땅에 닿기도 전에 하늘을 차고 올랐다. 떨어지

는 한삼이 뭔가를 어루만졌다. 고개 숙인 고깔과 버선코가 유난히 돋보였다. 내딛는 발걸음에 슬픔이 묻었는지 한삼을 뒤로 뿌리며 털어 냈다. 어르고 맺고 푸는 장단이 기쁨과 슬픔을 그려 냈다. 동안은 여인을 뚫어지게 바라보았다.

꼭두쇠 아저씨가 삐리와 함께 마당으로 들어오다가 동안을 보고 깜짝 놀랐다.

'저 눈빛, 저 눈빛은!'

동안의 눈길은 오로지 춤추는 여인만 쫓았다. 동안의 눈동자 속에서 여인은 나비가 되어 훨훨 날아다녔다.

귓가에 맴도는 가락

아침 햇살에 꽃들이 반짝반짝 빛났고 새벽이슬이 꽃잎마다 돌돌 맺혀 있었다. 길가에 핀 노란 꽃, 분홍 꽃들도 화려한 봄을 시샘하듯 서로 뽐냈다. 남사당패는 용주사를 빠져나와 쭉쭉 뻗은 참나무 숲 사이를 지나갔다. 곳곳마다 굴참나무, 상수

리나무, 졸참나무가 숨바꼭질하듯 숨어 있었다.

인희가 숲 너머를 가리키며 사도 세자의 무덤인 융릉과 정조의 무덤인 건릉에 대해 알려 줬다. 그러다가 정조에 관한 재미있는 이야기를 하나 꺼냈다.

"뭐? 이 숲에는 송충이가 한 마리도 없다고. 정말?"

동안은 믿지 못하겠다는 듯 중간에 툭 끼어들었다. 인희가 깔깔 웃으며 처음부터 다시 말해 주었다.

정조가 아버지인 사도 세자의 묘소를 들렀을 때였다. 묘 근처 소나무를 바라보다가 솔잎을 갉아먹는 송충이를 발견한 정조는 몸을 부르르 떨었다.

"네가 아무리 미물인 곤충이지만 이리도 무엄하단 말이냐! 아버지가 비통하게 돌아가신 것도 마음 아픈데 어찌 너까지 괴롭힌단 말이냐?"

정조는 그 자리에서 송충이를 깨물어 버렸다. 깜짝 놀란 신하들이 서둘러 송충이를 모두 없앴다. 그때부터 이곳에는 송충이가 살지 않았다.

"설마?"

동안은 혹시나 하며 나뭇잎들을 살폈다. 동안의 엉뚱한 행동에 인희는 자지러졌다.

숲을 빠져나오자 평평한 길이 나타났다. 작은 강에 놓인 다리를 건너자 지나다니는 사람들로 거리가 북적였다. 저편에 손톱만 한 성문이 가물가물 보이기 시작했다.

"저기가 사통팔달 열린다는 팔달문이구나."

살판쇠 아저씨가 팔달문을 가리키며 흥을 돋웠다. 조금 더 가까이 가자 독특한 팔달문 모습이 한눈에 들어왔다. 양쪽 성벽 사이에 반달 모양의 성곽이 하늘로 우뚝 솟았고 지붕도 조금 다른 모양이었다. 그 아래 뚫린 문으로 사람들이 지나다녔다.

남사당패는 팔달문을 지나 장터 주막에 짐을 풀었다. 동안은 장터를 보며 벌린 입을 다물지 못했다.

"우아!"

지금까지 봤던 장터와 매우 달랐다. 사람도 물건도 엄청나게 많았다. 동안은 눈을 휘둥그레 뜨고 이곳저곳을 살폈다.

"뭐가 그리 재미있냐?"

꼭두쇠 아저씨가 동안을 보며 슬며시 물었다.

"너무 커서요. 이곳은 언제부터 있었나요?"

동안은 신기한 듯 입을 다물지 못했다.

"여기도 용주사처럼 정조가 만든 곳이야. 아마 왕이 만들어 준 시장은 조선 팔도에 여기밖에 없을걸. 그러니 이렇게 크고 사람도 많이 오는 거야."

꼭두쇠 아저씨는 말하며 미소를 지었다. 남사당패는 이곳에서 여러 날 머물며 신명 나는 놀이판을 벌였다.

며칠 뒤, 남사당패는 북적거리는 장터를 빠져나와 남양 장터로 떠났다.

'남양읍이라고!'

동안은 속으로 조금 놀랐다. 화성에서 가장 큰 동네인 남양 읍내로 간다면 골칫거리가 하나 둘이 아니었다.

'일본 경찰도 더 많겠지! 그러다가 눈에 띄기라도 하면……. 어떡하지?'

남사당패와 어울린 지 겨우 보름도 채 지나지 않았다. 아직도 일본 경찰이 눈에 불을 켜고 자기를 찾고 있을 게 분명했다. 이제 다 끝났다는 생각이 들자 너럭바위에서 했던 다짐이 연기처럼 사라지는 기분이 들었다.

'남사당패에 들어가 재주를 배워 훌륭한 광대가 되어 돌아올게요.'

아무리 생각해도 남양 읍내는 위험해 보였다.

"여기서 끝낼 수는 없어."

동안은 머리가 부서질 듯 아팠다.

'어떡하지?'

문제는 꼭두쇠 아저씨였다. 꼭두쇠 아저씨 마음을 돌려야 했지만 동안의 힘으로 해결할 수 있는 문제가 아니었다.

'여기를 떠날까?'

달리 방법이 없었다. 동안은 포기한 듯 입을 꾹 다물었다. 남사당패가 향하는 곳으로 끌려가듯 계속 따라갔다. 남양 읍내로 들어가려면 조금 더 가야 했다.

갑자기 동안의 머릿속에 뭔가 스쳐 지나갔다. 바로 수원 장터에서 있었던 일이었다. 동안은 수원 장터에서 남사당패의 짐을 싸고 들어 주는 일만 도왔다. 진짜 남사당패 식구가 되었다면 뜬쇠 밑에서 재주를 익히는 가열을 시키든 삐리를 시키든 뭐든 하나는 시켜야 옳았다. 그게 남사당패의 규칙이었다.

'그래! 이도 저도 아니라면……'

동안은 꼭두쇠 아저씨에게 말을 꺼냈다. 이왕 집을 나왔다면 이렇게 끝낼 수는 없었다.

"아저씨, 언제부터 저를 가르치실 거예요?"

동안은 부러 밝은 표정을 지으며 경쾌하게 말했다.

"뭐! 일본 경찰을 피해 잠깐 여기 머물려고 온 게 아니냐?"

꼭두쇠 아저씨는 말하면서도 놀라는 표정이었다. 동안도 조금 당황했다. 용주사에 처음 간 날 동안은 꼭두쇠 아저씨에게 이야기하다가 중간에 쓰러져 버렸다. 꼭두쇠 아저씨의 말을 들어 보니 동안은 일본 경찰에게 쫓긴다는 말밖에 하지 못했다. 뒷이야기를 들은 게 없으니 아무런 조치를 취하지 않은 게 당연했다. 동안은 아버지가 화성 재인청 도대방이란 사실만

쏙 빼놓고 그때 끝내지 못한 이야기를 모두 털어놓았다. 괜히 꺼냈다가 다른 일까지 그르칠 수 있다고 생각했기 때문이다.

꼭두쇠 아저씨는 동안의 이야기를 듣고 잠시 생각에 잠겼다. 작년 가을 장터에서 본 동안의 땅재주와 향피리 솜씨는 보통 수준을 넘었다. 게다가 며칠 전 용주사에서 봤던 눈빛도 예사롭지 않았다. 지금 당장 광대로 들어온다고 해도 동안의 재주는 충분했다.

'재주라면 재주, 열정이라면 열정, 뭐 하나 빠지는 게 없는데…….'

꼭두쇠 아저씨는 다만 마음에 걸리는 게 하나 있었다. 바로 동안의 가족이었다.

"여기서 잠시 쉬어야겠다."

꼭두쇠 아저씨는 뒤따르는 무리에게 큰 소리로 외쳤다. 그러고는 뒤쪽으로 재빨리 걸었다.

"자네, 나 좀 보세."

차분한 목소리였다. 지난번 심부름을 갔던 뻬리가 꼭두쇠 아저씨 뒤를 졸졸 따랐다. 꼭두쇠 아저씨는 일행과 좀 떨어진 곳까지 걸어갔다.

"지난번 마을에 다녀온 이야기를 다시 한 번 해 보게. 요즘 내 기억이 예전 같지 않아 들어도 금방 잊어버려……. 쯧쯧!"

삐리는 그때의 기억을 더듬어 가며 차근차근 이야기를 꺼냈다. 꼭두쇠 아저씨가 중간에 말을 툭 잘랐다.

"뭐? 그 말을 왜 이제 하는가! 그게 사실이라면……."

꼭두쇠 아저씨는 정신이 아뜩했다. 삐리는 장터에서 창수를 만났다. 하지만 창수는 아무것도 모른다면서 입을 꼭 닫았다. 결국 삐리는 동안이 어느 집 아들인지, 왜 집을 나왔는지조차 알아내지 못했다. 하지만 장터 곳곳을 돌아다니다가 엉뚱한 소식 하나를 들었다.

"집 나간 손자를 찾는다고 화성 재인청 광대들이 모두 나섰지 뭐야. 있잖아……."

"누구?"

삐리는 고개를 갸웃거렸다.

"향피리를 잘 부는 그분 말이야."

"혹시라도 네가 들은 이야기는 아무에게도 하지 말거라."

꼭두쇠 아저씨는 삐리에게 단단히 입단속을 시켰다. 눈을 잠시 감았다. 머리가 복잡했다. 꼭두쇠 아저씨는 어쩌면 동안이 화성 재인청 도대방의 아들일 수도 있다는 생각이 들었다. 혹시라도 그게 사실이라면 큰 문제였다. 남사당패가 화성 재인청 식구는 아니지만 전혀 모른 척할 수도 없는 사이였다. 이런 소식을 들었다면 지금 당장 화성 재인청으로 달려가야 했다. 하지만 동안이 직접 한 이야기나 용주사에서 승무를 보던 동안의 눈빛을 생각해 볼 때 쫓아낸다고 해도 집으로 가지 않을 게 분명했다. 그렇게 했다가 혹시라도 일본 경찰에게 끌려간다면 모두 자신의 탓이었다.

잠시 후, 꼭두쇠 아저씨가 다시 입을 열었다. 삐리는 알겠다는 듯 머리를 조아리고는 급한 일이라도 생긴 것처럼 어디론가 뛰어갔다. 꼭두쇠 아저씨가 남사당패 모두를 불러 모았다. 동안은 왠지 불안했다.

'혹시 내쫓으려는 건 아닐까?'

꼭두쇠 아저씨는 남양 장터가 아닌 송산 사강 장터* 쪽으로 간다고 했다.

'왜 장소가 갑자기 바뀌었지?'

동안은 고개를 갸웃거렸지만 한편으로 마음이 놓였다. 적어도 송산이라면 남양보다 작고 오가는 사람도 많지 않았다.

늦은 오후, 남사당패는 송산 근처에 도착했다. 꼭두쇠 아저씨는 멈추지 않고 어디론가 남사당패를 계속 데려갔다. 해가 서쪽으로 기울 무렵, 남사당패는 산기슭에 짐을 풀었다. 크지 않았지만 여러 채의 빈 초가들이 다닥다닥 붙어 있어서 남사

---

* 화성시 송산면 사강리에 섰던 재래 장터.

당패 전부가 들어가기에 충분했다.

"오늘은 여기서 머물고 가자."

꼭두쇠 아저씨의 말에 남사당패는 아무 말 없이 짐을 풀었다. 이곳은 장마가 올 때 남사당패가 가끔 들리는 곳이었다. 광대들은 청소하고 쌀을 꺼내 밥을 지었다.

다음 날 아침이 되었지만 남사당패는 이곳을 떠나지 않았다. 오히려 광대들은 넓은 마당으로 나와 몸을 풀었다. 살판쇠는 땅재주를 넘었고 버나쇠는 쳇바퀴를 돌렸다. 동안은 늘어지게 하품하면서 이곳저곳을 기웃거렸다.

"도대체 여기는 뭘 하러 왔을까?"

남사당패가 이런 산골짜기에 처박혀 시간을 보내는 게 도무지 이해가 되지 않았다. 동안은 산기슭으로 난 길을 터벅터벅 올랐다. 저편에 있던 인희가 동안을 보고 달려왔다.

"우리 산에 올라가자. 바다를 볼 수 있어."

인희가 산꼭대기를 가리키며 말했다.

"정말?"

동안은 바다라는 말에 눈이 휘둥그레졌다. 한 번도 바다를 본 적이 없었기 때문이다. 동안과 인희는 콧노래를 부르며 산기슭으로 난 좁은 길을 올랐다. 곳곳에 깨진 벽돌이 뒹굴었고 부서진 성벽은 허연 속살을 드러냈다.

"옛날에 여기 성이 있었나 봐."

동안이 뚫린 성벽을 가리켰다.

"맞아, 신라 때 쌓은 산성이라고 들었어."

"뭐? 신라? 그렇게 오래됐어?"

동안이 숨을 헐떡거리며 말했다. 등에서 굵은 땀이 비 오는 것처럼 쏟아졌다. 동안과 인희는 숨을 가쁘게 몰아쉬며 끝까지 올라갔다.

곧 푸른 바다가 눈앞에 펼쳐졌다. 바다에 떠 있는 크고 작은 섬들이 한눈에 들어왔다.

"우아! 저게 바다구나!"

동안은 바다를 보자 가슴이 후련했다. 바다에서 부는 시원한 바람이 젖은 옷을 단번에 말려 주었다.

"저 바다를 건너면 어디가 나올까?"

동안은 혼잣말하면서 바다를 뚫어지게 바라보았다.

점심을 먹고 난 뒤, 꼭두쇠 아저씨는 동안을 공터로 데려갔다. 먼저 온 살판쇠가 땀을 뻘뻘 흘리며 몸을 풀었다.
"어르신, 어쩐 일로……?"
"자네, 이 아이 재주가 어느 정도인지 좀 살펴보게."
꼭두쇠 아저씨는 살판쇠에게 말하고는 가 버렸다.
"뒷곤두부터 해 보아라."
다부진 목소리였다. 동안은 웬만한 땅재주는 제법 할 줄 알았다. 하지만 오늘따라 몸이 말을 듣지 않았다. 힘만 들어갈 뿐 다시 해 봐도 몸은 여전히 뻣뻣했다. 꼭두쇠 아저씨는 큰 나무 뒤에서 동안을 지켜보았다.

다음 날 아침에 살판쇠는 동안을 다시 불러냈다. 하지만 어제와 다르지 않았다.
'이상한데! 몸이 왜 말을 안 듣지?'
땅재주를 넘어도 재미가 없었다. 이런 느낌은 처음이었다. 작은 소리가 귓가에서 맴돌기 시작했다. 숨죽이고 소리에 귀를 기울였다. 승무에 맞춰 흐르던 가락이었다.
그날 밤, 동안은 몰래 공터를 찾았다. 달이 두둥실 떠올랐다. 보름이 며칠 남지 않아 달이 밝았다. 동안은 땅재주를 다시 한 번 넘어 볼 요량이었다. 하지만 몸과 마음이 각각 따로

놀았다. 머리가 조금 아팠다. 귓가에 맴돌았던 가락이 또 들려왔다. 기분이 이상했다. 뛰어넘고 몸을 비트는 땅재주가 재미는커녕 이제 귀찮게 느껴졌다.

이런 기분은 처음이었다. 지금까지 동안은 땅재주와 줄타기가 가장 재미있다고 생각했다. 이것 때문에 집을 나왔고 평생 할 일이라 생각하며 살아왔다. 동안은 긴 한숨을 내쉬었다.

하늘을 올려다보았다. 달 속에 고운 맵시의 여인이 있었다. 귓가에 맴돌던 가락이 점점 더 크게 들렸다.

"둥둥둥."

여인이 치는 북소리가 귓바퀴를 타고 돌았다. 용주사에서 승무를 추던 여인이 달 속에서 몸을 흔들었다.

"이제 저런 춤을 춰 보고 싶구나!"

동안은 자기도 모르게 말했다. 그때였다.

"타다닥 타다닥!"

누군가 이쪽으로 뛰어오는 소리였다. 동안은 숨을 죽이고 나무 뒤로 숨었다. 며칠 전 꼭두쇠 아저씨와 단둘이 이야기한 뒤 어디론가 떠났던 삐리였다. 삐리는 집 앞에서 꼭두쇠 아저씨를 불러내더니 어둠 속으로 같이 사라졌다.

타고난 끼를 펼쳐라!

하얀 달빛이 달려와 동안을 감싸 안았다.
"바스락 바스락."
정적을 깨뜨리는 발소리에 귀뚜라미들이 깨어나 울었다.
삐리가 먼저 모습을 드러냈다. 곧이어 꼭두쇠 아저씨도 나타났다. 뭔가 생각에 잠긴 듯 한참 제자리를 맴돌았다. 그러다가 방으로 다가가 문을 열어젖혔다.
"동안이 못 봤느냐?"
작은 소리였지만 동안의 귀에는 천둥같이 크게 들렸다. 삐리에게 동안에 관한 무슨 소식을 듣고 온 게 분명했다.
"오래전에 나갔습니다. 제가 찾아볼까요?"
"아니다."

꼭두쇠 아저씨는 방문을 닫고 마당으로 나와 뒷짐을 진 채로 천천히 주변을 맴돌았다. 방에 없다면 동안이 갈 곳은 공터뿐이었다. 꼭두쇠 아저씨는 공터로 발걸음을 천천히 옮겼다. 지켜보던 동안은 아무 일도 없는 것처럼 우물 옆에 장승처럼 서 있었다. 동안은 꼭두쇠 아저씨를 보자마자 반갑게 다가갔다.

"여기 있었구나?"

정겨운 목소리였다.

"찾으셨어요?"

동안은 모른 척하며 고개를 갸웃거렸다. 꼭두쇠 아저씨는 이런저런 이야기를 하면서 달빛이 밝혀 준 길을 따라 걸었다. 곳곳에 떨어진 벽돌이 성벽 아래로 뒹굴었다. 성벽은 이어지다가 끊어지기를 쉼 없이 반복했다. 성벽이 잠시 끊어진 곳에 널찍한 돌로 만든 굴이 있었다. 어른 서너 명이 들어가도 다리를 쭉 뻗을 만큼 넓고 깊었다. 꼭두쇠 아저씨가 허리를 조금 굽히며 안으로 들어갔다.

"뭐 하느냐, 들어오지 않고."

잠시 머뭇거리던 동안은 어색한 표정을 지으며 따라 들어갔다. 동안은 특별한 이야기를 기다리며 꼭두쇠 아저씨를 바라봤지만 엉뚱한 이야기만 늘어놓았다.

'무슨 이야기를 들었기에 여기까지 온 걸까?'

동안은 꼭두쇠 아저씨의 이야기를 들으면서도 딴생각을 했다. 꼭두쇠 아저씨가 무슨 말을 꺼낼지 진짜 불안했기 때문이다.

"무슨 생각을 그렇게 하느냐?"

동안을 보던 꼭두쇠 아저씨가 궁금한 듯 물었다.

"그냥. 이 생각 저 생각……."

동안은 대충 말을 얼버무렸다.

"집 생각을 했구나!"

꼭두쇠 아저씨가 무심코 말을 툭 던졌다. 하지만 동안은 그 말에 할아버지, 아버지, 어머니 얼굴이 차례로 떠올랐다. 동안은 고개를 끄덕였다. 잠시 고요한 침묵이 흘렀다. 꼭두쇠 아저씨가 동안을 바라보며 입을 열었다.

"이곳에 전해 오는 이야기가 하나 있지."

꼭두쇠 아저씨가 말하면서 바닥을 가리켰다.

"네? 이 굴 말이에요?"

동안이 놀라며 묻자 꼭두쇠 아저씨는 빙그레 웃으며 고개를 끄덕였다.

'분명 또 다른 뭔가가 있을 거야!'

동안은 갑자기 머리가 복잡했다. 꼭두쇠 아저씨가 다시 말을 이었다.

"옛날 아주 옛날이었지. 아마 천 년도 더 넘었을 거야. 신라가 삼국을 통일하기 전이니까."

꼭두쇠 아저씨는 이야기를 시작했다.

"신라 때 원효 대사와 의상 대사가 있었는데 젊은 시절 당나라에 공부를 하러 떠난 거야."

꼭두쇠 아저씨는 기억을 더듬어 가며 말했다. 동안은 물끄러미 꼭두쇠 아저씨를 쳐다보며 이야기를 들었다.

"원효 대사와 의상 대사는 신라에 살았으니까 지금의 경주인 서라벌에서 출발해 이곳까지 왔어. 이곳이 당나라로 가는 가장 빠른 바닷길이거든."

동안은 산에 올라가 바다를 보며 떠올렸던 궁금증이 이제야 풀린 듯 고개를 끄덕였다.

"그런데 원효 대사와 의상 대사가 이곳에 도착하니 밤이 되고 말았어. 잠자리를 찾았지만 마땅한 곳이 없었지. 원효 대사와 의상 대사는 한참을 헤매다가 굴 하나를 발견하고는 안으로 들어갔지. 그 굴이 바로 여기란다."

동안은 조금 놀랐다. 이렇게 허름한 곳에 오래된 이야기가 전해진다는 게 신기했다. 꼭두쇠 아저씨는 말을 계속 이었다.

"원효 대사와 의상 대사는 굴에서 하룻밤을 지냈어. 원효 대사는 잠을 자다가 목이 말라 물을 찾았지만 깜깜한 밤이라 아무것도 보이지 않았지. 잠결에 주변을 더듬어 보니 물이 든 그릇이 손에 잡혔어. 원효 대사는 허겁지겁 물을 마시고 다시 잠들었지. 아침에 일어나자 지난밤 먹었던 달콤한 물이 해골 속에 담긴 물이었다는 걸 알고는 까무러치게 놀랐지. 원효 대사는 정신을 차린 후 깊은 생각에 잠겼어. '간밤에 먹은 물과 해골 속에 담긴 물은 똑같은데……. 그래! 모든 것은 마음먹기에 따라 다른 것이야!' 원효 대사는 무엇을 하던 마음가짐이 중요하다는 것을 깨달았지."

"그래서요?"

동안은 뒷이야기가 궁금했다.

"원효 대사는 당나라에 가서 공부하는 것을 포기했어. 하지만 의상 대사는 당나라로 떠났어."

꼭두쇠 아저씨가 손을 털며 일어났다.

"뭐예요? 이게 끝이에요?"

조금 아쉬운 듯 동안은 입을 쩝쩝거렸다. 동안은 꼭두쇠 아저씨 뒤를 따랐지만 뭔가 찝찝했다. 아무리 생각해도 꼭두쇠 아저씨의 마음을 알 수 없었다.

"동안아! 그 사람은 나중에 어떻게 되었을까? 한 사람은 공부하겠다고 집을 나와 중국까지 갔고, 다른 한 사람은 집에 다시 돌아갔잖아."

동안은 이 말에 조금 움찔했다.

'집을 나와? 집에 다시 돌아갔잖아? 하필이면 이런 말을?'

동안은 꼭두쇠 아저씨의 말을 되씹으며 골똘히 생각했다.

'집을 나온 나에게 집으로 다시 돌아가란 말이잖아. 그렇다면 여기를 떠나라는 말인데…….'

동안은 혹시라도 실수하면 안 된다는 생각이 들었다. 한밤중에 여기까지 온 이유도 이제 조금 알 것 같았다.

"잘 모르겠는데요."

동안은 고개를 저으며 억지로 웃음을 지었다. 지금은 이렇게 말하는 게 옳다는 생각이 들었다.

"원효 대사와 의상 대사 모두 아주 유명한 스님이 되었어. 처음에는 서로 다른 길로 갔지만 결국 같은 꿈을 이뤄 낸 거지. 결국 마음가짐이 가장 중요한 거야. '할 수 있다'라는 의지가 꿈을 이루게 해 준 거야. 원효 대사는 당나라에 가지 않았지만 아주 훌륭한 사람이 되었잖아."

동안은 꼭두쇠 아저씨의 말이 헷갈렸다. 분명 원효와 의상 대사 이야기를 하지만 결국 자기에게 하는 말인 것 같았다. 동안은 머리를 한 대 맞은 듯 멍했다.

'분명 나에게 하는 말일 거야. 확실해!'

동안은 어느 곳이든 장소보다 마음가짐이 더 중요하다는 이야기로 새겨들었다.

'남사당패를 떠나란 말이구나.'

동안은 고개를 푹 숙이고 한숨을 길게 내쉬었다. 서글프고 쓸쓸한 마음이 들었다. 꼭두쇠 아저씨가 미워졌다. 이런 섭섭함을 눈치챘는지 꼭두쇠 아저씨가 동안의 손을 슬쩍 잡았다. 따뜻한 온기가 동안의 몸으로 퍼져 나갔다. 살가운 꼭두쇠 아저씨의 표정을 보면서 동안은 조금 의아해했다.

'뭐야! 병 주고 약 주고…….'

도무지 꼭두쇠 아저씨의 마음을 알 수 없었다. 꼭두쇠 아저씨가 동안을 보며 웃었다. 모든 걸 다 안다는 표정이었다. 잠시 후, 꼭두쇠 아저씨는 삐리가 전해 준 이야기를 동안에게 말해 주었다.

"네? 그럴 리가……!"

동안은 이야기를 듣고도 믿지 못하는 표정이었다.

다음 날, 동안은 남사당패와 함께 집으로 돌아가야만 했다. 꼭두쇠 아저씨의 이야기를 몇 번이고 다시 곱씹어 보았지만 도무지 믿을 수 없었다.

'뭐야? 분명 일본 경찰이 내 얼굴을 봤고 우리 마을까지 왔잖아? 그게 아니라 내가 착각한 거라고?'

동안은 꼭두쇠 아저씨에게 몇 번이나 물었다.

"나만 믿고 따라오너라."

그때마다 꼭두쇠 아저씨는 환하게 웃으며 같은 대답을 했다. 마을 하나를 지나자 낯익은 풍경이 눈에 들어왔다. 산길을 올라가자 너럭바위가 보였다. 동안은 그날 일을 다시 떠올렸다.

'분명이 두 눈으로 봤는데!'

동안은 너럭바위를 보며 잠시 머뭇거렸지만 남사당패를 따라 마을로 내려갈 수밖에 없었다. 동안은 집을 보자 얼어 버린 듯 꼼짝하지 못했다.

"저 집이냐?"

뒤따르던 꼭두쇠 아저씨가 동안이 보고 있는 집을 가리켰다. 동안은 말없이 고개만 끄덕였다.

"멍멍멍!"

낯선 남사당패를 보고 놀란 듯 동네 개들이 앞다퉈 짖었다. 집 안에 있던 사람들이 고개를 내밀어 하나둘 밖을 살폈다.

"아이코, 저게 누구야? 이 씨네 아들 아니야?"

"뭐야? 남사당패들이 놀이 허락을 받으러 온 거야?"

동안과 남사당패를 본 이웃들이 한 마디씩 했다. 뭔가 싶어 밖을 내다보던 동안의 할아버지가 깜짝 놀라며 뛰어나왔다.

"할아버지!"

동안은 기다렸다는 듯 할아버지에게 달려가 품에 안겼다. 아버지는 아직 화가 덜 풀렸는지 허리를 꼿꼿이 세우고 아무 말도 하지 않았다. 동안은 아버지의 눈빛을 보자 살얼음판을 걷는 기분이 들었다.

"자네, 가만 서 있지 말고 이쪽으로 좀 올라오게."

할아버지의 말에 꼭두쇠 아저씨가 대청마루에 올라갔다. 아버지도 따라와 할아버지 옆에 앉았다. 할아버지와 꼭두쇠 아저씨는 간단한 인사를 몇 마디 주고받았다. 요즘 세상 돌아가는 이야기도 빠뜨리지 않았다. 재인청 광대나 떠돌이 남사당패나 먹고살기 어렵다는 푸념이었다.

넋두리가 끝나자 꼭두쇠 아저씨가 자세를 고쳐 잡았다. 이제 동안의 이야기가 하나씩 흘러나왔다. 꼭두쇠 아저씨는 그 사이 있었던 일을 모두 말했다. 동안의 향피리 연주와 땅재주 이야기도 꺼냈다.

"그래! 맞아. 우리 손자 녀석이 땅재주를 매우 좋아하지!"

할아버지가 흐뭇한 얼굴로 맞장구쳤다.

꼭두쇠 아저씨는 하던 말을 잠시 멈추고 할아버지 앞으로 조금 더 가까이 다가갔다. 꼭두쇠 아저씨는 용주사에서 본 동안의 모습을 눈앞에서 그리듯 작은 것 하나까지 놓치지 않고 말했다.

"어르신, 그때 저 아이 눈빛은 승무에 푹 빠져 있었습니다. 승무를 추던 여인이 한 걸음 한 걸음을 뗄 때마다 저 아이의 눈빛이 활활 타올랐습니다. 여인은 마당이 아닌 동안의 눈동자 속에서 춤을 추었습니다."

"뭐! 춤을 보고? 그게 정말이냐?"

할아버지는 조금 놀랐지만 눈웃음을 짓고 있었다. 아버지의

차가운 표정도 조금 누그러졌다.

"어르신, 저 아이는 필시 보통 아이가 아닐 겁니다. 춤을 보는 눈이 남달랐습니다."

꼭두쇠 아저씨는 확신 가득한 눈빛으로 할아버지와 아버지를 번갈아 보며 말했다.

마지막 도대방

　남사당패가 마을을 떠나고 며칠이 흘렀다. 아버지는 문갑을 열어 종이 한 장을 꺼냈다. 뭔가 걸리는 게 하나 있었다.
　"고집이 세서 하고 싶은 것을 다 하며 산다. 타고난 끼를 살리면 세상을 가질 수 있다."
　아버지는 혼잣말로 천천히 읽었다. 동안의 사주팔자였다.
　'타고난 끼가 바로 이거란 말인가!'
　아버지는 고개를 끄덕이며 잠시 생각했다.
　'이게 타고난 팔자라면 방법이 없군!'
　아버지는 뭔가 결심한 듯 입술을 살짝 물었다. 그리고 동안을 불렀다.
　"이제 서당은 그만 다녀도 좋다. 네가 정말 하고 싶은 게 무엇이냐?"

 오랜만에 들어 보는 아버지의 따뜻한 목소리였다. 동안은 아버지에게 속마음을 털어놓았다. 아버지는 예전과 사뭇 다른 동안의 눈빛을 보며 고개를 끄덕였다.

 잠시 후, 아버지는 미소를 지으며 이야기를 시작했다.

 "가장 어렵다는 게 춤인데……. 춤을 배우고 싶다고! 알겠다. 쉬운 길은 아니지만 네가 꼭 하고 싶은 거라면 최선을 다하여라. 그리고……."

 아버지는 가슴속에 담아 둔 말이 조금 더 있는 듯했다.

 "이왕 할 거라면 최고가 되어야 한다. 이것은 화성 재인청 도대방으로서 하는 부탁이기도 하다."

 동안 역시 아버지의 진심을 느낄 수 있었다. 며칠 뒤, 아버지는 화성 재인청의 뜬쇠를 불렀다.

 "동안에게 재인청의 춤과 음악을 먼저 가르쳐라."

 무엇을 배우든지 기본이 중요했다. 재인청의 기본 춤은 음양오행을 바탕으로 만들어졌다. 발디딤, 팔놀림, 호흡이 하나가 되어야 자연스러운 춤이 되었다.

 뜬쇠는 북 치는 재비를 불러 장단을 맞췄다. 그런 다음 마음을 모아 발을 떼는 발디딤과 팔을 올리고 내리는 팔놀림부터 시작했다. 아주 느리고 고된 과정이었지만 동안에게 이것은 또 하나의 즐거움이었다.

"쿵덕."

북소리가 먼저 들어왔다. 뜬쇠가 장단에 맞춰 동안에게 춤사위를 가르쳤다.

"그렇지! 오금을 죽이고 살리고."

"기덕."

"숨 한번 내쉬고……."

"덩 기덕 쿵 더러러러."

"두 발을 가지런히 모아 발뒤꿈치를 붙이고 두 팔은 뒷짐."

동안은 장단에 맞춰 발디딤으로 오금을 죽이고 숨을 들이켰다가 다시 내쉬었다.

"쿵덕."

북소리에 맞춰 동안은 앞으로 네 발 갔다가 뒤로 다시 발디딤을 했다.

"북하고 손발이 딱딱 맞아야 한다."

뜬쇠가 고개를 이쪽저쪽으로 돌리며 재비와 동안의 호흡을 조절했다. 재인청 기본 춤은 마디마다 장단이 딱 들어맞았다. 큰 변화 없이 물 흐르듯 아주 자연스럽게 춤춰야 했다. 게다가 춤사위 하나가 끝나면 장단에 맞춰 이어지는 또 다른 춤사위가 마치 이야기를 주고받는 느낌으로 풀어내야 했다. 느린 듯

하지만 느리지 않고 빠른 듯하지만 결코 빠르지 않았다. 이런 밀고 당김이 여백과 긴장을 만들어 춤을 더욱 아름답게 만들어 주었다.

하나를 가르치면 열을 안다는 말처럼 동안의 춤은 하루하루 달라졌다. 타고난 재능에 연습량까지 남달랐으니 당연한 결과였다.

"좀 쉬었다가 하지. 쯧, 그러다 몸이라도 상하면 어쩌려고 그러느냐!"

어머니도 아들의 모습을 보면서 걱정했다.

동안은 아침 일찍 일어나 춤으로 시작했고 늦은 밤까지 춤과 씨름했다. 매일 이런 나날을 보냈지만 동안은 조금도 지치지 않았다. 오히려 춤 때문에 활짝 웃었고 더 즐거웠다. 동안의 이런 모습을 보면서 아버지는 조금 미안한 생각이 들었다.

'진작 시켰으면!'

몇 달 지나지 않아 재인청 뜬쇠들이 두 손 두 발 다 들고 나가떨어졌다.

"어르신, 제가 가르치기에는 이제……. 다른 선생을 한번 모셔 보는 게 좋을 듯 싶습니다."

입에 발린 소리가 아니었다. 실력 있다는 뜬쇠를 다시 데려왔지만 얼마 지나면 동안에게 혀를 내두르고 떠나 버렸다. 반

평생을 배워도 겨우 익힐까 말까 한 재주를 동안은 몇 달이면 뚝딱 해치웠다. 이런 아들의 모습을 보면서 아버지의 생각은 더 확고해졌다.

'최고가 되려면 최고에게 배워야 해!'

아버지는 주변의 도움을 받기로 했다. 재인청 삐리를 시켜 조선 최고의 스승들에게 편지를 보냈다.

한 달이 채 지나지 않아 화성 재인청에 손님이 찾아왔다. 줄타기의 명인 김관보였다.

"동안아, 춤도 좋지만 줄타기도 반드시 할 줄 알아야 한다."

동안은 군소리하지 않고 줄타기를 배우고 익혔다. 재인청 앞마당에 외줄이 걸렸다. 비가 오는 날도 동안은 줄 위에 올라갔다.

"많이 미끄러울 게다. 비가 그치면 다시 올라가거라."

아버지가 걱정하며 동안을 말렸다.

"광대가 맑은 날, 비 오는 날 가리면서 줄을 타나요?"

동안의 대답에 아버지는 혀를 내둘렀다. 동안은 줄을 탈 수 없는 밤에는 춤사위를 연습했다. 줄타기 같은 재주는 몸동작이 크고 격렬했지만 춤사위는 느리고 고요했다. 낮에는 폭풍우 같은 타령 장단에 맞춰 줄 위에 올랐고, 밤에는 보슬보슬 가랑비 같은 굿거리장단에 맞춰 춤사위를 펼쳤다.

이렇게 몇 달이 흐르자 동안의 줄타기 실력은 몰라보게 달라졌다. 줄타기를 몇 년 동안 배운 창수도 이제 동안과 상대조차 될 수 없었다.

"이런 아이는 처음일세! 복을 타고 났구먼! 이제 더 가르칠 것도 없네."

김관보 역시 동안에게 아낌없이 칭찬을 쏟아 내며 돌아갔다. 아버지도 동안의 모습을 보면서 마음이 흐뭇했다. 이제 때가 왔다는 생각이 들었다.

"저 정도면 지금 나보다 훨씬 뛰어나지! 이제 도대방 자리를 동안에게 물려줘도 되겠어!"

아버지는 화성 재인청 도대방 자리에 아무 미련도 없었다.

"이제 네가 화성 재인청을 맡아 이끌어 보아라."

"아직 저는 더 배워야 합니다. 부족한 게 너무 많습니다."

동안은 도대방 자리를 맡을 수 없었다. 하지만 아버지도 쉽게 물러서지 않았다. 결국 동안은 화성 재인청 도대방 자리를 물려받았다.

"내가 이루지 못한 화성 재인청의 영광을 네가 다시 한 번 만들어 보거라!"

아버지의 말에 동안의 어깨가 무거워졌다. 하지만 도대방 자리는 순탄치 못했다. 3년 뒤, 일본은 민족 문화를 없애 버리기 위해 강제로 화성 재인청을 닫아 버렸다. 결국 동안은 화성 재인청의 마지막 도대방이 되고 말았다.

이런 안타까운 소식이 퍼져 나가자 동안의 재주를 아끼는 선생들이 여기저기에서 동안을 불렀다. 동안은 전통 예능을 전문으로 하는 광무대 극장에 찾아갔다. 당대 최고의 흥행사인 박승필이 부른 까닭도 있었지만 광무대 극장에는 훌륭한 선생들이 많기 때문이었다.

동안은 밤마다 광무대 극장에서 춤과 줄타기 재주를 보여 주며 대중에게 많은 인기를 끌었다. 하지만 낮이 되면 다시 재주를 배우는 제자로 돌아와 몸을 낮췄다.

"그래! 모든 것은 오로지 마음먹기에 달렸어!"

동안은 꼭두쇠 아저씨가 들려줬던 원효 대사의 가르침을 잊지 않았다. 어디를 가든지 누구에게 배우든지 자신의 마음가짐이 중요하다는 것을 가슴속에 새기며 살았다. 이런 모습이 기특했는지 광무대 극장에서 같이 공연하는 훌륭한 선생들이 앞다퉈 동안을 제자로 받아들였다.

대금, 피리, 해금은 명인 장점보가 나섰다. 태평소의 대가 방태진도 가만있지 않았다. 경서도창*과 재담, 발탈은 명인 박충재에게 전수받았고, 남도 잡가는 명창으로 이름을 날린 조

---

* 경기와 서도 지역을 중심으로 전승된 노래.

진영에게 배웠다. 우리 춤의 큰 줄기였던 김인호는 동안에게 30여 가지의 전통 춤과 장구, 해금, 꽹과리, 북의 장단까지 모두 전수했다.

동안은 광무대 극장에서 조선 최고의 선생들에게 춤, 가락, 연희, 연극, 판소리까지 모두 전수받았다. 춤이면 춤, 음악이면 음악, 동안은 신들린 아이처럼 닥치는 대로 빨아들였다.

십 년이 흘렀다. 고작 이십 대 중반의 젊은 청년이지만 동안은 조선 최고의 춤꾼으로 이름을 날렸다.

"이제 스승에게 받은 은혜를 갚아야겠어. 내가 배운 모든 춤을 혼자 독차지하는 것은 잘못이야!"

동안은 제자를 키우기로 마음먹었다. 그리고 가슴 한구석에 쌓인 응어리도 풀고 싶었다. 아버지가 재인청 도대방을 맡기면서 한 말 때문이었다.

'내가 이루지 못한 화성 재인청의 영광을 네가 다시 한 번 만들어 보거라!'

화성 재인청은 이미 사라지고 없었다. 하지만 우리 민족을 위해 우리 전통 춤을 새롭게 꽃피우고 싶었다.

동안은 끼가 있는 제자들을 찾아 춤을 가르쳤다. 장고무, 승무, 태평무, 진쇠무, 입춤 등 동안은 우리 춤 거의 전부를 다

루었다. 동안은 춤을 가르치는 데서 그치지 않았다. 일본을 돌며 우리 춤을 알렸고, 대동가극단에 참여하여 만주, 러시아까지 가서 우리 춤 공연을 펼쳤다.

그러던 어느 날, 내로라하는 명창들이 '조선 성악회'라는 단체를 만들었다. 나이로 보면 동안이 도무지 낄 수 없는 자리였지만 조선 최고의 춤꾼으로 동안보다 더 뛰어난 사람은 찾을 수 없었다.

최고의 명창들과 공연을 펼치던 그날도 스승인 한성준이 북채를 잡았다. 동안의 춤을 빛낼 수 있는 고수는 한성준밖에 없기 때문이었다. 동안은 천천히 무대 위로 올라갔다. 시작은 나라의 평안과 태평성대를 기리는 '태평무'였다.

"덩 딱 다덩 기덕."

타령 장단으로 춤이 시작되었다. 동안은 온몸에 힘을 빼고 두 발을 모아 마음을 가다듬었다. 가락에 맞춰 왕비 옷을 입은 여인들 사이로 왕의 옷을 입은 동안이 앞으로 나왔다.

"딱쿵 쿵 따쿵 딱."

장단이 빨라지면 걸음도 달라졌다. 동안은 무릎을 들어 걷다가 뒤꿈치를 살짝 꺾었다. 발디딤이 정신을 차리기 어려울 정도로 빨랐지만 느낌은 절제된 듯 아주 차분했다. 장단이 변할 때마다 제자리에서 빙그르르 돌았다. 그러다가 붓글씨를 쓰듯 한삼*을 놀렸다. 진짜 왕이 추는 춤처럼 위엄 있는 표정까지 아주 엄숙했다.

"역시 이동안이야!"

"얼핏 보면 왕이 추는 화려한 춤 같지만 어찌 보면 소박해. 흥과 멋과 위엄이 조화를 이루다니! 보고도 믿을 수 없군!"

구경꾼들은 모두 한마디씩 칭찬했다.

잠시 후, 동안은 도포 자락을 휘날리며 다시 나타났다. 이번에는 '한량무'였다. 손끝에서 멋과 흥이 꿈틀거렸다. 발의 움직임은 설렘이 되어 가락과 함께 천천히 밀려 나갔다.

한량무가 끝나자 바로 학춤이 이어졌다.

"한삼을 위로 올리는 게 마치 학이 날개를 펼치는 것 같구나! 저게 사람이야? 진짜 학이야?"

춤이 끝날 때마다 구경꾼들은 혀를 내둘렀다.

신로심불로와 진사무가 연달아 이어졌다. 모든 춤의 중심에는 동안이 있었다. 이제 마지막 신칼대신무였다. 양손에 쥔 신칼은 수양버들처럼 축 늘어졌다.

북 장단에 맞춰 몸의 중심이 오른발로 가더니 다시 왼발로 돌아왔다. 신칼이 천천히 올라가며 스스로 춤을 추었다. 사람이 칼을 부리는지 칼이 사람을 부리는지 모를 정도였다. 칼과

---

* 손을 가리기 위하여 윗옷 소매 끝에 흰 헝겊으로 길게 덧대는 소매.

사람이 서로 만난 듯 하나가 되어 움직였다.

 조금 뒤, 칼은 혼자서 춤추듯 화려하게 허공을 가르다가 풀이 죽어 아래로 툭 떨어졌다. 발끝에서 나온 기운과 코에서 뿜어진 숨이 한 바퀴 돌아 발끝으로 다시 모였다. 칼이 다시 살아났다. 춤사위가 황홀하게 펼쳐졌다. 인생의 즐거움 뒤에 찾아온 슬픔의 한을 춤으로 달래는 듯했다.

 관중은 동안의 몸짓 하나하나를 보면서 눈을 떼지 못했다.

 "대단하군! 손끝이 살아 움직이다니……!"

 "일본 천황도 그래서 이동안을 부르는 게 아니겠나!"

 동안의 공연은 입소문을 타고 전국을 떠들썩하게 만들었다. 사정이 이렇다 보니 일본 경찰은 수시로 찾아와 동안에게 황군 위문대를 맡아 달라고 끈질기게 부탁했다.

종이 한 장

하얀 고깔을 쓴 여인은 화가 난 듯 북을 때리고 또 때렸다. 두 손을 모아 기도하듯 꿇어앉더니 다시 일어나 뒤로 걸었다. 여인은 고깔을 벗고 북 앞으로 다가갔다. 그러고는 살짝 발돋움하며 곱게 접은 고깔을 북 위에 사뿐히 올렸다.

이제 붉은 띠 가사를 젖히고 하얀 장삼도 벗었다. 여인은 천천히 벗은 장삼을 넓게 펼쳐 북을 감싸 안았다. 날아갈 준비가 끝난 듯했다.

여인은 나비처럼 날다가 두 손을 모으고 바닥에 사뿐히 앉아 큰절을 올렸다. 돌아오지 못할 여행을 떠나는 사람의 마지막 인사 같았다. 큰절이 끝나자 여인은 영원한 자유를 얻은 듯 다시 일어나 북 앞에서 살랑살랑 춤추며 나비처럼 날개를 펼

럭였다. 잔잔한 몸짓으로 마당을 크게 돌고 돌아 저 멀리 날아갔다. 애절한 피리 소리에 맞춰 아쟁과 장구 소리도 조금씩 줄어들었다.

"둥."

춤의 끝을 알리는 징 소리였다.

동안은 징 소리를 듣고 정신이 번쩍 들었다. 혹시나 하며 할아버지, 아버지, 꼭두쇠 아저씨를 찾았지만 아무도 보이지 않았다.

'내가 옛 생각에 잠시 헛것을 본 게로군!'

동안은 주변을 다시 살폈다. 승무가 끝났는지 앞마당은 텅 비어 있었다. 악기를 연주했던 재비들이 서둘러 짐을 쌌다. 마당을 꽉 채웠던 사람들도 하나둘 밖으로 빠져나갔다.

"혹시?"

동안은 범종각 앞으로 고개를 돌렸다. 아무도 없었다.

'잘못 보았나? 젊은 청년이 있었는데…….'

동안은 정신을 차리기 위해 숨을 크게 한번 들이켰다. 밤공기가 제법 쌀쌀한지 가슴이 서늘해졌다. 조금 뒤 젊은 여인이 큰 보따리를 안고 선방에서 나왔다.

"잘했구나. 이제 가자."

동안은 차분한 목소리로 제자에게 말했다. 이제 용주사를 내려가야 했다. 동안은 고개를 돌려 선방을 잠깐 보았다. 세월의 흔적만 더해졌을 뿐 예전과 크게 달라진 게 없었다. 그때였다.

"선생님."

맑고 또랑또랑한 남자 목소리가 뒤에서 들려왔다. 동안은 뒤돌았다. 범종각 앞에서 승무를 보던 젊은 청년이었다.

"무슨 일로……?"

동안이 조심스레 물었다.

"저……."

젊은 청년은 할 말이 있는 듯했지만 수줍음 때문인지 말을 꺼내지 못했다.

"참 아름다운 춤입니다. 말로 표현하려니……."

젊은 청년은 수첩에서 종이 한 장을 찢었다. 그러고는 동안에게 건네주었다.

"오늘 본 춤에 대한 느낌을 적어 보았습니다. 제 마음이라 생각하고 받아 주십시오."

젊은 청년은 종이를 건네주고 바로 사라졌다.

동안은 아직 횃불이 남아 있는 곳으로 걸어가 일렁이는 불빛에 하얀 종이를 비추어 보았다.

승무

얇은 사 하이얀 고깔은
고이 접어서 나빌레라.

파르라니 깎은 머리
박사 고깔에 감추오고,

두 볼에 흐르는 빛이
정작으로 고와서 서러워라.

빈 대에 황촉 불이 말없이 녹는 밤에
오동잎 잎새마다 달이 지는데,

소매는 길어서 하늘은 넓고
돌아설 듯 날아가며 사뿐히 접어 올린 외씨 버선이여!

까만 눈동자 살포시 들어
먼 하늘 한 개 별빛에 모두오고,

복사꽃 고운 뺨에 아롱질 듯 두 방울이야
세사에 시달려도 번뇌는 별빛이라.

휘어져 감기우고 다시 접어 뻗는 손이
깊은 마음 속 거룩한 합장인 양하고,

이 밤사 귀뚜리도 지새우는 삼경인데
얇은 사 하이얀 고깔은 고이 접어서 나빌레라.

동화의 실제 주인공과
우리 춤 들여다보기

- 이야기의 실제 주인공, 운학 이동안
- 대표적인 춤 이야기

■ 이야기의 실제 주인공, 운학 이동안

　이동안은 1906년 경기도 화성시 향남면 송곡리에서 태어났어요. 아버지 이재학은 화성 재인청 도대방이었고, 할아버지 이하실 역시 도대방 출신으로 단가와 피리의 명인이었어요. 작은할아버지 이창실도 줄타기 명인이었고, 6대 할아버지 역시 유명한 줄타기꾼이었지요.
　이동안은 조선 최고의 춤꾼이 되기까지 많은 어려움을 겪었어요. 아버지의 반대를 무릅쓰고 남사당패를 따라 집을 나간 적도 있지요. 특유의 고집으로 아버지의 허락을 받아 낸 이동안은 정식으로 춤을 배우기 시작했어요. 곧 여러 사람에게 인정을 받았지요. 14세라는 어린 나이에 화성 재인청 도대방이 되었어요.
　일본이 우리나라 전통문화를 없애고자 화성 재인청을 폐쇄한 뒤, 이동안은 전문 예능 극장인 광무대 소속으로 들어갔어요. 광무대에서 공연하며 우리 춤과 가락 전부를 익혔지요. 당시 광무대는 우리나라에서 가장 뛰어난 예인들이 모인 곳이었어요.
　이동안은 뛰어난 예인들로부터 우리 춤을 하나씩 전수받았어요. 춤과 장단은 김관보 선생, 대금·피리·해금은 장점보 선생, 남도 잡가는 조진영 선생, 태평소는 방태진 선생에게 전수받았어요. 특히 태평무·학춤·한량무 외 30여 종의 전통 춤과 장단을 김인호 선생에게 고스란히 물려받은 것은 큰 행운이었지요.
　이동안은 공연을 통해 대중에게 많은 사랑을 받았어요. 춤꾼으로 이름을 날리자 중국, 만주 등 여러 나라로 공연을 다녔어요. 특히 판소리 명창이 총집결한 조선성악회에 가입해서 조몽실, 임방울, 한성준 등 당대 최고의 예인들과 함께 무대에 올랐지요. 그리고 기회가 생길 때마다 많은 제자를 길러 냈어요. 옥당 정경파, 장홍심, 최승희, 한영숙, 김복련, 이매방, 이승희 등……. 이름만 들어도 알 만한 최고의 전통 무용가들에게 춤을 전수했지요.

수십 가지의 춤 모두를 한 사람이 전수했다는 사실은 아주 놀라워요. 이런 이동안의 노력으로 우리 전통 춤은 다시 명맥을 이어 갔어요. 이동안의 제자들이 우리 춤판의 큰 기둥으로 성장했기 때문이에요.

이동안은 평생 춤과 함께 살았어요. 공연 횟수도 엄청났어요. 1994년 10월 6일 세종문화회관 소강당에서 이동안은 발탈, 한량무, 기본무, 신로심불로, 엇중모리 신칼대신무, 진쇠무를 무대에 올렸으며 신로심불로는 직접 추었어요. 〈조선 시대 마지막 광대, 운학 이동안 발탈·전통 무용 공연〉이었어요.

이동안은 천식을 앓으며 힘들게 살다 세상을 떠났지만, 88세까지 무대에 직접 올랐다는 사실은 아무리 생각해도 믿기 어려운 일이에요. 아마도 춤에 대한 열정이야말로 이동안의 삶을 지탱해 준 가장 큰 힘이 아니었을까요?

■ 대표적인 춤 이야기

• 승무

 승무는 불교적 색채가 강한 춤이에요. 승무를 추는 여인은 대개 날렵하게 걷어 올린 남색 치마에 흰 저고리·흰 장삼을 걸쳤어요. 머리에는 흰 고깔을 쓰고 어깨에는 붉은 가사를 걸치고 양손에는 한삼을 들었지요. 승무는 지역에 따라 내용과 형식이 조금씩 달라요. 재인청 승무는 북 장단을 두드린 후에 장삼과 고깔을 벗어 북 위에 올려놓고 끝내는 것이 조금 특별하지요.

 승무는 삶과 죽음 사이에서 고민하다가 차츰 세속을 벗어나 해탈의 경지에 이르는 내용을 담았어요. 춤이 아름다워 우리 민속무용 중에서 가장 예술성이 높다는 평가를 받지요.

• 엇중모리 신칼대신무

 왕인 아버지가 아파서 죽게 되자 공주인 딸이 그 죽음을 슬퍼하며 하얀 종이를 꽂은 신칼을 들고 잡귀를 물리치기 위해 춤을 추었어요. 왕

이지만 사람이 죽는다는 것은 아주 슬픈 일이잖아요. 이런 슬픔을 춤으로 표현한 거예요. 슬픈 가락이 깃든 춤이지요. 복장이나 춤사위를 보더라도 굿을 하는 것처럼 무속적 색채가 아주 짙은 춤이에요.

• 진쇠무

재인청 재인들이 궁중 연희장에서 추던 춤이에요. 춤꾼은 원님 복장을 하고 꽹과리 채를 들고 있어요. 이 춤은 나라에 경사가 있을 때 추던 춤이에요.

이 춤의 유래는 참 재미있어요. 예전에 왕이 각 고을 수령을 불러 춤추게 한 적이 있어요. 팔도에 있는 고을 수령들이 왕 앞에서 꽹과리를 들고 춤을 췄지요. 왕은 이 춤이 좋았어요. 그래서 나중에 다시 추게 했지요. 예전에는 고을 수령처럼 과거에 합격한 사람을 '진사'라 불렀어요. '진사가 쇠(꽹과리)를 들고 추는 춤'이라는 말에서 '진사무'로 불리게 되었지요. 수령들이 추는 춤이라 그런지 매우 품격 있고 화려해 보여요.

• 태평무

춤 이름처럼 나라가 아무 걱정 없이 평안하라고 왕 앞에서 추는 춤이에요. 이 춤은 발디딤과 팔놀림이 아주 중요하지요. 무거운 표정을 지으면서도 자유롭게 춰야 하거든요. 게다가 왕이 보고 있으니까 몸가짐도 함부로 할 수 없어요. 그래서 춤꾼은 표정 없이 공손하게 춤을 춰야 해요.

이 춤의 재미는 손끝에 매달린 한삼을 펄럭거릴 때마다 붓글씨를 쓰는 듯 보이는 거예요.